LES MILLORS OBRES DE LA LITERATURA CATALANA

23

Director de la col·lecció:
Joaquim Molas
Redacció:
Carme Arnau

ANTOLOGIA GENERAL DE LA POESIA CATALANA

Per J.M.Castellet
i Joaquim Molas

Edicions 62, Barcelona

Aquesta col·lecció és una iniciativa conjunta
d'EDICIONS 62 s|a., i de la CAIXA DE PENSIONS
PER A LA VELLESA I D'ESTALVIS
DE CATALUNYA I BALEARS, "la Caixa".

Primera edició: octubre de 1979.
Quarta edició: setembre de 1988.
© per la selecció: Josep M. Castellet i Joaquim Molas.
Disseny d'Enric Mir.
Drets exclusius d'aquesta edició:
Edicions 62 s|a., Provença 278, 08008-Barcelona.
Imprès Grafos s/a., Art sobre paper.
Passeig Carles I 157, 08013-Barcelona.
Dipòsit legal: B. 29.402-1988.
ISBN: 84-297-1525-8.

NOTA SOBRE L'EDICIÓ

Amb aquesta *Antologia,* els autors pretenen de donar una mostra breu, i asèptica, de la poesia catalana de tots els temps. En efecte: per raons d'espai i de destinació, han hagut de reduir al mínim el conjunt de corrents i de subcorrents que, al llarg de la història, s'han interferit, s'han oposat amb més o menys violència i, al capdavall, s'han substituït. I, d'altra banda, plantejada en termes més informatius que crítics, han intentat de destacar, i si calia fixar, aquelles línies més vives i estables: clàssiques, en definitiva. Així, l'*Antologia* és fruit d'una colla de limitacions i, doncs, de renúncies. Abans de tot, ha hagut de prescindir, malgrat la seva riquesa, de la poesia èpica i de la narrativa i ha posat, per tant, els seus límits en l'estrictament lírica. I, entre els lírics, ha comptat, de manera un pèl abusiva, alguns autors com Bernat Metge, Anselm Turmeda o Bernat Fenollar. En segon lloc, ha prescindit, per motius de coherència, de la gran tradició de poesia popular: tant de la de transmissió oral com de la de transmissió impresa, anterior, o no, als canvis introduïts per la Revolució industrial. Val a dir que, a vegades, la frontera entre poesia culta i popular no és fàcil d'establir. I que, aleshores, ha tendit, en general, a recollir aquells casos més purs, com, per exemple, les glosses semicultes dels segles XV-XVI. O les imitacions del XIX que, al seu torn, esdevingueren populars: tradicionals. En tercer lloc, ha intentat de trobar un punt d'equilibri entre els interessos històrics i els literaris i, per tant, només ha inclòs aquells autors i poemes que, descontextualitzats, conserven tota llur potència creadora o que, almenys, la conserven en relació amb llur època. D'aquí que alguns gèneres, com el de la cançó cortesana dels segles XIV-XV o el del romanç històric del XIX, hagin estat reduïts a unes mínimes mostres. Les mostres que, en principi, tenen, avui, unes possibilitats autònomes de lectura! Per últim, i per les diverses raons apuntades, s'atura, l'antologia, als autors nascuts en el primer quart del segle XX, és a dir: als autors que compten, ja, amb una obra feta i generalment acceptada. Per a la fixació del text, hem posat en joc les edicions modernes més solvents. I fins, en algun cas, com el de Joan de Boixadors, els manuscrits. En un cas i l'altre, reproduïm amb fidelitat els textos base. I només hem regularitzat l'ortografia i la puntuació, segons les normes modernes.

J.M.C. i J.M.

ANTOLOGIA GENERAL DE LA POESIA CATALANA

PRIMERA PART
Del segle XIII al segle XIX

I. L'EDAT MITJANA
(1280-1380)

Ramon Llull
(Ciutat de Mallorca, 1233?-1316?)

CANT DE RAMON

Són creat e ésser m'és dat
a servir Déu que fos honrat,
e són caüt en mant pecat
e en ira de Déu fui pausat.
Jesús me venc crucificat,
volc que Déus fos per mi amat.

Matí ané querre perdó
a Déu, e pris confessió
ab dolor e contrició.
De caritat, oració,
esperança, devoció,
Déus me fé conservació.

Lo monestir de Miramar
fiu a frares menors donar
per sarraïns a preïcar.
Enfre la vinya e el fenollar
amor me pres, fé'm Déus amar,
enfre sospirs e plors estar.

Déus Paire, Fill, Déus espirat
de qui és Santa Trinitat
tracté com fossen demonstrat.
Déus Fill, del cel és davallat,

de una Verge està nat,
Déu e home, Crist apel·lat.

Lo món era en damnació;
morí per dar salvació
Jesús, per qui el món creat fo.
Jesús pujà al cel sobre el tro,
venrà a jutjar li mal e el bo:
no valran plors querre perdó.

Novell saber hai atrobat,
pot-n'hom conèixer veritat
e destruir la falsetat:
sarraïns seran batejat,
tartres, jueus e mant orat,
per lo saber que Déus m'ha dat.

Pres hai la crots, tramet amors
a la Dona de pecadors
que d'ella m'aport gran socors.
Mon cor està casa d'amors
e mos ulls fontanes de plors.
Entre gauig estaig e dolors.

Sóm hom vell, paubre, menyspreat,
no hai ajuda d'home nat
e hai trop gran fait emperat.
Gran res hai del món cercat,
mant bon eximpli hai donat:
poc són conegut e amat.

Vull morir en pèlag d'amor.
Per ésser gran no h'hai paor
de mal príncep ne mal pastor.
Tots jorns consir la deshonor
que fan a Déu li gran senyor
qui meten lo món en error.

Prec Déus trameta missatgers
devots, scients e verdaders
a conèixer que Déus home és.
La Verge on Déu hom se fes
e tots los sants d'ella sotsmès
prec que en infern no sia mès.

Llaus, honor al major Senyor
al qual tramet la mia amor

que d'ell reeba resplendor.
No són digne de far honor
a Déu, tan fort són pecador,
e són de llibres trobador.

On que vage cuit gran bé far,
e a la fi res no hi puc far,
per què n'hai ira e pesar.
Ab contrició e plorar
vull tant a Déu mercè clamar
que mos llibres vulla exalçar.

Santedat, vida, sanitat,
gauig, me do Déus, e llibertat,
e guard-me de mal e pecat.
A Déu me són tot comanat:
mal esperit ne hom irat
no hagen en mi potestat.

Man Déus als cels e als elements
plantes e totes res vivents
que no em facen mal ni turments.
Dó'm Déus companyons coneixents,
devots, lleials, humils, tements,
a procurar sos honraments.

LO DESCONHORT
(fragments)

I

Déus, ab vostra vertut començ est desconhort,
lo qual faç en xantant, per ço que me'n conhort,
e que ab ell reconte lo falliment e el tort
que hom fa envers vós, qui ens jutjats en la mort.
E on mais mi conhort, e menys hai lo cors fort,
car d'ira e dolor fa mon coratge port,
per què el conhort retorna en molt greu desconhort;
e per aiçò estaig en treball e en deport,
e no hai null amic que negú gauig m'aport,
mas tan solament vós; per què eu lo faix en port
en caent e en llevant e són çai en tal sort
que res no veig ni auig d'on me venga confort.

II

Can fui gran e sentí del món sa vanitat,
comencé a far mal e entré en pecat,
oblidant Déus gloriós, siguent carnalitat;
mas plac a Jesucrist, per sa gran pietat,
que es presentà a mi cinc vets crucifigat
per ço que el remembràs e en fos enamorat
tan fort, que eu tractàs com ell fos preïcat
per tot lo món, e que fos dita veritat
de sa gran Trinitat, e com fo encarnat:
per què eu fui espirat en tan gran volentat
que res àls no amé mas que ell fos honrat,
e adoncs comencé com lo servís de grat.

III

Can pris a consirar del món son estament,
com paucs són cristians e molt li descreent,
adoncs en mon coratge hac tal concebiment
que anàs a prelats e a reis eixament,
e a religioses, per tal ordenament,
que se'n seguís passatge, e tal preïcament
que ab ferre e fust e ab ver argument
se des a nostra fe tan gran exalçament
que els infeels venguessen a ver convertiment.
E-z eu aiçò tractant, trenta anys ha, verament
no ho hai pogut obtenir, per què n'estai dolent
tant, que en plore sovent e en són en llanguiment.

IV

Dementre que enaixí estava en tristor
e consirant sovent en la gran deshonor
que Déus pren en lo món per sofratxa d'amor,
con a home irat qui fuig a mal senyor
me n'ané en un boscatge, on estava en plor
tan fort desconhortat, que el cor n'era en dolor;
mas per ço car plorava hi sentia dolçor
e car a Déu parlava faent a ell clamor,
car tan pauc exoeix li just e el pecador,
adoncs can lo requeren en tractar sa honor,
car si mais los donava d'ajuda e favor
pus tost convertirien lo món a sa valor.

Enaixí eu estant en malencolia
a lluny guardí e viu un home qui venia,
un bastó en sa mà, e gran barba havia,
e en son dors cilici, e qui pauc vestia:
segons son captener eremità paria.
E can fo pres de mi dix-me què havia,
ni lo dol que eu menava de on me venia,
ne s'ell per nulla res ajudar-me podia;
e-z eu respòs-li que tal ira sentia
que per ell ni per altre no em consolaria,
car segons que hom perd creix la fellonia:
—Ço que eu hai perdut, e dir-ho, qui ho poria?

VI

—Ramon! —dix l'ermità—, vós què havets perdut?
Per què no us consolats en lo Rei de salut
qui abasta a tot ço qui per ell és vengut?
Mas aquell qui el perd no pot haver vertut
en esser consolat, car trop és abatut.
E si vós no havets null amic qui us ajut,
digats-me vostre cor, e què havets haüt;
car si havets flac cor e si sots decebut,
bé poria esser que us fos acorregut
per la mia doctrina, tant que si sots vençut
que us mostrarà a vençre vostre cor combatut
ab ira e dolor, ab què Déus hi ajut.

VII

—N'ermità, s'eu pogués aportar a compliment
la honor que per Déu tracté tan llongament,
no hagra re perdut ni en fera clamament,
ans guasanyara tant que a convertiment
ne véngron li errat, e lo sant moniment
hagren los crestians. Mas per defalliment
d'aquells a qui Déus ha donat mais d'honrament
qui no em volen ausir e tenen a nient
mi e mes paraules, com hom qui follament
parla e res no fa segons enteniment,
per què eu per ells perd tot lo procurament
que faç en honrar Déu e d'hòmens salvament.

VIII

Encara us dic que port una *Art general*
que novament és dada per do espiritual,
per qui hom pot saber tota re natural,
segons que enteniment ateny lo sensual.
A Dret e a Medicina e a tot saber val
e a Teologia, la qual m'és mais coral,
e a soure questions nulla art tant no val,
e a destruir errors per raó natural;
e tenc-la per perduda car quaix a hom no en cal.
Per què eu en planc e en plor e n'hai ira mortal,
car null hom qui perdés tan preciós cabal
no poria haver mais gauig de re terrenal.

IX

—Ramon, si vós faits ço que a vós se cové
en procurar honor a Déu e a far gran bé
e no sots escoltat ni ajuda no us ve
d'aquells qui n'han poder, per tot ço no es cové
que siats despagats; car Déus, qui tot ho ve,
vos n'ha aitant de grat com si es complís desé
tot ço que demanats, car hom qui bé es capté
en tractar sa honor, aconsegueix en sé
mèrit, esmende e do, pietat e mercè.
Per què fa gran pecat qui en son cor reté
ira ni desconhort, faent Déus a ell bé
qui es concorda ab gauig, esperança e fe.

X

Ramon, de vostra *Art* no siats consirós,
ans en siats alegre e n'estiats joiós,
car pus Déus la us ha dada, justícia e valors
la multiplicaran en lleials amadors.
E si vós en est temps ne sentits amargors,
en altre temps mellor haurets ajudadors
tals qui la apendran e en vençran les errors
d'aquest món, e en faran molts bons faits cabalós.
Per què us prec, mon amic, que conhort sia ab vós,
e hui mais no plorets contra fait virtuós
enans vos alegrats contra fait viciós,
e de Déu esperats gràcia e secors.

raps, ple de bontat!
n fóra enamorat
ser, tenir, tocar
ra ergull contrastar,
rei del cel e el tro
n paubre lliteló!
fos en cell temps noirit
Jesús fo infant petit,
tots jorns ab ell anàs,
ll estés, ab ell jugàs!
on fóra gauig de plaer!
, qui volgra àls mais haver!
an Jesús hac sa etat,
e hom lo servís a son grat!
an fo lliat e pres,
ue hom son companyó estés
ota la greu passió
e en la greu mort! Anc gauig no fo
ajor que cell que hom pogra haver!

LO CONCILI
(fragment)

> Senyor Déus, pluja,
> perquè el mal fuja,
> car pecat puja!

Senyor, tal pluja donats,
que enamor Papa, prelats,
el Sepulcre sia cobrats
e lo gran nom vostre honrats.

> Senyor Déus, pluja...

Quan el concili er justats,
ver Déus, justícia donats
per conseller a los prelats,
car no hi serà null barats.
Al concili, ver Déus, aidats.

> Senyor Déus, pluja...

Prudència sia conseller
que consella fait verdader;

XI

Ramon: ¿per què plorats e no faits bell semblant
e que vos conhortets de vostre mal talant?
Per aquesta raisó mi faits ésser dubtant
que siats en pecat mortal tan malestant,
per què siats indigne a far res benestant;
car Déus no es vol servir per null home en pecant.
E si no ve a fi ço que desirats tant
no és culpa d'aquells d'on vos anats clamant,
car Déus no vol que vostre fait vaja en avant
si estats en pecat, car de bé tant ni quant
no pot hom pecador d'ell ésser començant,
car lo bé e el pecat en res no són semblant...

XII

—N'ermità, no m'escús que no haja pecat
mortalment mantes vets, d'on me són confessat;—
mas depús Jesucrist a mi es fo revelat
en la crots, segons que d'amont vos he contat,
e en la sua amor mon voler confermat,
no pequé a cient en null mortal pecat.
Mas poria esser que per ço qui és passat
can era ser del món, amant sa vanitat,
no sia per Jesús en far bé ajudat;
emperò si no ho era, tort faria e pecat
si ell no mi aidava depús que l'hac amat
e per la sua amor lo món desemparat.—

XIII

—Ramon, hom negligent no sap bé procurar;
e està negligent car molt no vol membrar
ço que entén acabar. Per què mi fas dubtar
que lo públic negoci que tu vols acabar
ab los molt grans senyors qui no et volen aidar,
no es perda, per ço car molt no ho vols amar,
car ab pauca amor gran fait no es pot menar.
E si és pereós de tu et deus rancurar,
ni de ton falliment no deus altre encolpar,
ni tu, estant ociós, no et deus desconhortar
per altre, mas per tu, qui no et vols esforçar
en far tot ton poder con Déus pusques honrar,—

XIV

—N'ermità, vós vejats si eu són ociós
en tractar públic bé de justs e pecadors,
car muller n'hai lleixada, fills e possessiós
e trenta anys n'hai estat en treball e llangors,
e cinc vets a la Cort ab mies messiós
n'hai estat, e encara a los Preïcadors
a generals capítols tres, e enquer als Menors
a altres tres generals capítols; e si vós
sabíets què n'hai dit a reis e a senyors
ni con hai treballat, no seríets dubtós
en mi que sia estat en est fait pereós,
ans n'hauríets pietat, si sots hom piadós.— (...)

LXVI

L'ermità e Ramon preseren comiat,
e són-se, en plorant, baisat e abraçat,
e cascú dix a l'altre que a Déu fos comanat
e en oració l'u per l'autre membrat.
Al partir s'esguardaren ab molt gran caritat,
pietat e dolor, cascú agenollat,
e cascú senyà l'altre e hac agraciat.
La un se partí de l'altre ab mant sospir gitat,
car mais no preposaven que fossen assemblat
en est món, mas en l'altre, si a Déus ve de grat.
E can cascú de l'altre se fo un petit llunyat
tantost fo l'un per l'altre molt fortment desirat.

LXVII

L'ermità remembrà lo treball e l'afan
en què Ramon havia estat trist en mant an,
e encara que es metia en perill qui és molt gran.
Al cel llevà sos ulls, mans juntes genollant,
ab pietat e amor a Déu dix en plorant:
—Oh Déus gran, piadós, per mercè vos deman
que ab vós sia Ramon, tant que el gardets de dan!
A vós, Déus poderós, amic Ramon coman,
e al món trametets hòmens que hagen talant
de mort per vostra amor, e qui vagen mostrant
veritat de la fe, per lo món preïcant,
segons que ja Ramon ho va ara començant.

Can Ra
en la qu
e membr
adoncs pl
e dix a Jesu
—Oh vós,
com per tot l
si a dretura pl
plàcia-us que l
pus que s'és mè
e faits per ell con
e a mi ajudats ena

pobre de
Ah, co
en vos ve
e cont
veent lo
jaer
Ah, qu
que
e com
ab
Ah, c
Al
E qu
q
E q

en

m

D'ESPERA

Quan par l'es
e s'aparèllon t
que el sol mon
        d'esperanç
mi vest alegrança
d'una douçor, con
que hai en la Dona
e adoncs deman con
a tuit m'acús per pe
        e que ell me ma
que reta tot lo dan
que hai donat gran, en
a cells qui estan servido
de la Regina de valors,
per ço que n'esper tal seco
        que a null pecat
no sia obligat,
puix que en sia bé confessat.

"JESUCRIST, SÈNYER, AH, SI FOS

Jesucrist, Sènyer, ah, si fos
    en aquell temps que nasqués vós
e vos vesés infant petit,
    vostres carns nues e poc llit,

a lo concili és mester;
sens ella no valrà diner.

Senyor Déus, pluja...

Fortitudo de gran confort
de lo concili sia port,
si no ho és, ja me'n desconhort,
car lo bé hi perdrà son sort.

Senyor Déus, pluja...

Si lo concili ha son for,
temprança gran serà el tresor
car tot serà vestit de or
e de virtuts e de bon cor.

Senyor Déus, pluja...

Si la fe grans amics no ha
a lo concili, què farà?
Lo concili es clamarà
a Déu, car la fe no hi valrà.

Senyor Déus, pluja...

Qui el concili volrà honrar
esperança vulla menar,
car ab ella es porà acabar;
fals hom no hi porà contrastar.

Senyor Déus, pluja...

Caritat, venits aidar
al concili per lo bé far
e el Papa enamorar
e cardenals aconsellar.

Senyor Déus, pluja...

Avarícia és camí
per qui hom va a mala fi,
si és ella al concilí
ell no valrà un peitaví.

Senyor Déus, pluja...

Glotonia és destral
ab colp mortal:
si al concili ha hostal,
lo concili en res no val.

Senyor Déus, pluja...

Luxúria és pecat
per tot lo món escampat;
del concili sia gitat
e tot hom d'ella enamorat.

Senyor Déus, pluja...

Si al concili va ergull
ab null hom, ne en ell l'acull
tot hi serà de mal escull:
no hi cal anar Ramon Llull!

Senyor Déus, pluja...

Accídia e neclijar
de far bé e destorbar
si al concili pot entrar
no hi cal null hom bo anar.

Senyor Déus, pluja...

Enveja és desijament
de fembra, castell e argent;
si lo concili és son parent
tot serà vestit de nient.

Senyor Déus, pluja...

Ira és trista passió,
d'ella no ve consell bo;
si al concili ha maisó
lo concili no serà bo.

Senyor Déus, pluja,
que Ramon s'huja,
car lo mal puja!

El Capellà de Bolquera
(primera meitat del s. XIV)

"LI FAIT DIEU SÓN ESCUR..."

Li fait Dieu són escur,
pus que la nuit escura;
en Déu és que hom pauc dur,
e ço que Déus vol dura;
null fait no són segur
si Déu no l'assegura;
bo és que hom bé percur,
mas ses Déu pauc val cura;
car on pus m'aventur,
mais trob desaventura,
e no pusc los mals dur:
tant m'és fortuna dura.

Vengut sui tro a l'os,
a la pell e a l'ossa;
solia ésser gros,
rics de moneda grossa,
mas Déus m'ha trait tal mos
que febra al cor m'ha mossa,
e no hai què m'adós,
ço que hom per fred s'adossa,
ne hai argent que em tros,
ans port de mal tresdossa:
sol l'arma hagués bon pos
e el cors fos a la fossa!

Ira e dol me ten
tant que non aus atendre;
tal paor hai no em men
a l'estament pus mendre,
que d'ira el cor me fen
e no m'en puix defendre;
gastant lo cors despèn
e no n'hai què despendre;
per mos pecats mal pren
e non aus Déus rependre;
si fas, car no m'entén,
que ell deu justs precs entendre.

En est món trob Infern,
que aiçò m'és pits d'inferna,

car vei que ab mal govern
manta gent se governa;
e no trob en quasern
Dieu per què em descaserna,
que els mals vénon a qüern
e de bé no n'hai terna;
li gauig mi són extern
e la mort m'és eterna,
e d'estiu e d'hivern
mals ab mi eixhiverna.

E si tot sui fallents,
no guard Déus ma fallença,
car val a mantes gents
e els au llurs precs e els gença;
car mantes vets fall sens
e saubers e ciença
ne als pus coneixents,
perquè er li hai coneixença
e sui vers penidents
sofrent greu penidença,
tant que vergonya em venç
e crei que mort me vença.

Maire Dieu coneixents,
valets per coneixença
als morts e als vivents,
e no els guardets fallença.

Anònim
(primera meitat del s. XIV)

"LLASSA, MAIS M'HAGRA VALGUT..."

Llassa, mais m'hagra valgut
   que fos maridada,
o cortès amic hagut,
   que can sui monjada.

Monjada fui a mon dan:
   pecat gran
han fait, segons mon albir;
mas cells qui mesa m'hi han,

en mal an
los meta Déus, e els aïr.
Car si io ho hagués saubut,
—mas fui un poc fada—,
qui em donàs tot Montagut
no hic fóra entrada.

La reina Constança de Mallorca
(?-Mallorca, 1346)

"E-Z IEU AM TAL QUE ÉS BO E BELL..."

E-z ieu am tal que és bo e bell,
e sui gaia co'l blanc ocell
que, per amor, cria son xant,
e sui senyora e cabdell,
e cell que eu am e no és n'apell:
car, sus totes, sui mills amant,
que xausit hai lo pus presant
e el mills del món, e l'ame tant
    que-z en pensant lo cuei veser
    e car tener;
    e can no és ver,
un desesper me fér tan gran
can lo sai lai vers França!

L'enyorament e el gran desir
qu'ieu hai per vós me cuida alcir
mon dolç senyor e car;
e bien liei porai tost morir
per vós, qu'ieu am tant e desir,
si breu deçai no us vei tornar,
que tant me tarda l'abraçar
    e el raisonar
    e tota res.
E can me pens que us n'ets anats
    e no tornats,
    e quan llunyats vós ets,
desesperats quaix viu mon cor;
    per pauc no mor,
    si breu no n'hai güirença!

Mercè, mairits, que sofrent pas
los mals que em dats, e doncs tornats,
   que null tresor
   no vall un cor
   que per vós mor,
   ab amorosa pensa.

II. SEGLE D'OR
(1380-1500)

Jaume March
(Barcelona, 1335?-1410?)

LA JOIOSA GARDA
(fragment)

Lo Rei fon molt paiats,
segons que féu semblant,
e dix: "Vostre talant
hai llong de temps que sai,
e dic-vos que a mé plai
que dintre ma Ciutat
siats gent heretat,
e-z enquer vostra aimia,
car sai que-z és jolia
e-z ha fin pretz en cor,
així que per null for
no hi porà contradir".
L'escrivà fec venir,
e que escrivís mon nom.
"Senyor, e co'us diu hom?",
dix l'escrivà a mi;
"e lo nom atresí
me deits de vostra aimia".
Eu li respòs que havia
nom Jacme tot primer;
e el sobrenom darrer
és March, e mon senyal
és d'or fi, atretal
a midons dits Coloma:

rosa fresca ne poma
no és pus colorada!
Déu la fai tan comada
e faita de bell tall,
nulla res no li fall
qui es tenga a noble dona,
que ella és bella e bona
e de noble llinatge.
Lo Rei volc que heretatge
me fos lai assignat,
e-z eu volguí comiat
pendre de lui aprés,
e rendí'l gran mercès
de ço que dat m'havia,
e-z ell dix que volia
que per lui fasés tant
que tot le fin amant
degués per lui emprar
que es volguessen poblar
dins la Ciutat novella,
on fin joi s'aparella
a tots los pobladors;
e plasers e-z honors
hauran a tots temps mai.
Eu li respòs: "Bé em plai
far vostres mandaments".
E, perquè en fos cresents,
mandec al canceller
que lletres facés fer,
cresença comandant,
e que anés prestant
a cells que em fos avís,
e-z anc tantost no vis
neguna causa fatxa.
L'escrivan desempatxa,
e el Rei la volc signar,
e fec-la segellar
ab son real segell,
que era polit e bell.
E fon fet prestament.
E-z eu joliament
fiu de lui ma partença
ab sa gran benvolença,
e les lletres presí,
les quals díson així:
"Als fels e molt amats

28

gentils enamorats,
e-z a dones grasides,
de grans bondats complides,
e donzelles humils,
que-z en l'Orde, gentils,
d'Amor ésser volran,
saluts, ab honor gran,
de mi, lo Rei d'Amor.
Sapiats que, per clamor
que del món hai ausida,
vei Bona Amor perida,
e Solaç e Jovent,
e per ço, de present,
eu hi vull provesir,
e una Ciutat bastir
farai novellament,
on haurà compliment
de tota alegria,
car nulla vilania
dins no porà aturar,
sí co'us sabrà contar
l'amat en Jacme March,
e us ho dirà pus llarg,
contant de mot a mot.
Car ausit ho ha tot,
e vist com és estat,
e prei-vos de bon grat
d'açò creire el vullats,
que per Nós li és mandats
volgués per Nós contar,
e, si res podem far
que us tornàs a plaser,
trametets missatger
a mé, que ho farai.
Dada en lo lloc gai
de la Joiosa Garda,
lo jorn qui plus se tarda
d'agost a l'eiximent,
en l'any del naiximent
Mil e CCC.LXX:
açò saben gent manta
que un an hi fa justar
a complir canelar".

COBLES DE FORTUNA

Quan eu cossir en los fets mundanals,
totes les gents vei regir per Fortuna,
segons lo cors del sol e de la lluna.
Les planetes fan obres divinals,
fasent llur prou o llur dan a vegades,
així que el món és partit per jornades.
Mas Déu no vol l'arma sia sotmesa
forcívolment a aital astre seguir,
ans la Raó pot e deu ben regir
lo cors d'on han entre si gran contesa.

Però bé em par obra descominals,
quan en remir causa per si cascuna
e vei gran bé haver persona estruna
e dom gentil e bo sofrir grans mals;
així que el bé vei anar per cassades:
sens mèrit gran los ve lo bé endebades
e gran honor no seguint gentilesa;
e, si no fos com dins mon cor m'albir
—que altre món és mellor per a venir—,
hagra del tot la mia arma malmesa.

Doncs, cars amics que entenets béns e mals,
afigurats la cara de Fortuna
e no us girets, si tost la vesets bruna,
de vostre sen per treball ne per àls,
que xascun jorn hores hi són nombrades,
que mai non vis en bé totes passades.
Ges per aiçò non oblidats proesa,
ans vullats-vos en tot bé captenir
e los amics amar e car tenir,
e-z en servir Déu non hajats peresa.

Déus, en qui és tota virtut compresa
e-z ha formats los cels e els fai vogir,
pot, si li plai, astre mal convertir
e tot afan tornar en gran bonesa.

Columba pros, supliquem la nautesa
de Déu que ens guard d'errar e de fallir,
volent-nos aut en lo cel acollir
que és gauig sens fi e complida riquesa.

Pere March
(1338?-1413)

"AL PUNT QUE HOM NAIX COMENÇA DE MORIR..."

Al punt que hom naix comença de morir,
e, morint, creix, e, creixent, mor tot dia,
que un pauc moment no cessa de far via,
ne per menjar ne jaser ne dormir,
tro per edat mor e descreix a massa,
tant que així vai al terme ordenat
ab dol, ab gauig, ab mal, ab sanitat,
mas pus avant del terme null hom passa.

Trop és cert fait que no podem gandir
a la greu mort, e que no hi val metgia,
força ne geny, rictat ne senyoria,
e trop incert lo jorn que deu venir,
com, quan ne on, que tot arnès traspassa,
e no hi té prou castell, mur ne fossat,
e tan lleu pren lo neci co'l senat,
car tots som uns e forjats d'una massa.

Bé sabem tots que hic havem a-z eixir
o tard o breu, que no hi val mesestria.
Breu és tot cert qui pensar ho saubria,
mas lo foll hom no se'n dóna cosir,
que, remirant sa carn bella e grassa,
e el front polit e lo cos ben tallat,
ha tot lo cor e lo sen aplicat
als faits del món, que per null temps no es llassa.

Si bé volem un petit sovenir
com som tots faits d'àvol marxanteria,
e el sútzeu lloc on la maire ens tenia,
e la viltat de què ens hac a noirir,
e, naixent nós, roman la maire llassa,
e nós, plorant de fort anxietat,
entram al món ple de gran falsedat,
que adés alciu e-z adés nos abraça.

Oh, vell poirit, ¿e què poràs tu dir,
qui et veus nafrat tot jorn de malaltia?
Missatge cert és què la mort t'envia,
e tu no el vols entendre ne-z ausir,

mas, com a porc qui jats en la gran bassa
de fang pudent, tu et bolques en pecat,
disent, tractant, fasent molt mal barat
ab lo cor fals e la mà trop escassa.

De cor preion deuríets advertir
en l'estat d'hom qui tots jorns se canvia,
que el ric és baix e el baix pren manentia,
e el fort és flac e el flac sap enfortir,
e el jove sa dolor breument l'acaça,
e mor tan lleu co'l vell despoderat,
e el vell mesquí fai lleió de son gat,
e pensa pauc en la mort qui el menaça.

Dieus sap per què lleixa mal hom regir,
o foll, o pec, e los bons calumnia,
que tal és bo, com no té gran bailia,
que és fér e mal, si ho pot aconseguir;
e tal humil, quan és monge de Graça,
que és ergullós, quan ha gran dignitat;
e tal regeix una granda ciutat,
fóra millor a porquer de Terrassa.

Qui bé volgués a Dieu en grat servir
e-z en est món passar ab alegria,
tot son voler a Dieu lleixar deuria,
e no pas Dieu a son vol convertir;
car Dieus sap mills a qui es tany colp de maça
per acabar o qui tenir plagat
per esprovar o fer sa volentat
d'açò del sieu, e que es raisó que es faça.

Del Paire Sant hai ausit, quan traspassa
d'aicest exil al Juí destinat,
que dits: "¡Er fos ieu un bover estat,
que honor d'est món a pecats embarassa!"

Eu, Peires March, preguí Dieu que a lui plaça
donar-me cor e voler esforçat,
que-z ab plaser prenda l'adversitat
e sens ergull lo bé qui breument passa.

"DOMNA EM PLATS BEN ARREADA..."

Domna em plats ben arreada
e cavallier ben armat,
e donzella enfresada,
e servent arremangat,
e cavall ab gran illada,
ardit e bé afrenat,
e sofrent bé tranuitada.

E plats-me fer cavalcada
en lloc pla e ben poblat,
e veser foc e fumada,
e-z enemic assetjat,
que haja tenir tots jorns bada
e no sia assegurat,
si doncs no està dins murada.

E plats-me l'enamorada
ab lo cors prim e delgat,
ab que es tinga per pagada
de mé per enamorat,
e que em faça gran ullada
per tener-me el cors pagat,
ella que en serà preiada.

Enquer hi ha plus qui m'agrada:
senyor ben amesurat,
que hom no el servesca de bada,
ardit e franc ses barat,
e que tinga gran mainada,
segons l'ésser que és dat,
que l'àls és causa trop fada.

E plats-me la hivernada,
ans del sol ésser llevat,
e que fos aparellada
missa a clergue espatxat,
baixa, que no pas cantada,
sinó en dia feriat,
per far la festa honrada.

Anselm Turmeda
(Ciutat de Mallorca, 1352?-Tunis, c. 1425/30)

ELOGI DELS DINERS

Diners de tort fan veritat,
e de jutge fan advocat;
savi fan tornar l'hom orat,
    puix que d'ells haja.

Diners fan bé, diners fan mal,
diners fan l'home infernal
e fan-lo sant celestial,
    segons que els usa.

Diners fan bregues e remors,
e vituperis e honors,
e fan cantar preïcadors:
    Beati quorum.

Diners alegren los infants
e fan cantar los capellans
e los frares carmelitans
    a les grans festes.

Diners, magres fan tornar gords,
e tornen lledesmes los bords.
Si diràs "jas" a hòmens sords,
    tantost se giren.

Diners tornen los malalts sans;
moros, jueus e crestians,
lleixant a Déu e tots los sants,
    diners adoren.

Diners fan vui al món lo joc,
e fan honor a molt badoc;
a qui diu "no" fan-li dir "hoc".
    Vejats miracle!

Diners, doncs, vulles aplegar.
Si els pots haver no els lleixs anar;
si molts n'hauràs poràs tornar
    papa de Roma.

Si vols haver bé e no dan
per advocat té sent "jo ha'n".
Totes coses per ell se fan,
    en esta vida.

Bernat Metge
(Barcelona, mitjan s. XIV-1413)

SERMÓ
(fragments)

"Seguesca el temps qui viure vol;
si no, poria's trobar sol
    e menys d'argent" (...)

Si volets hui haver gran lloc,
        llagotejats;
e privadesa no vullats
        de dona casta
(molt hom se'n vana qui no en tasta,
        d'aital vianda).
Haver no porets valor granda
        si no robats.
Consciència no hajats,
        si volets viure.
E si volets la gent far riure,
        siats ben nici.
Treball llunyarets, e desfici,
        del vostre cors;
e girats a tothom lo dors
        qui lleial sia.
E no vullats haver paria
        de pobra gent,
si no us donen de llur argent
        o us fan fermança.
Tomb d'aquella part la balança
        on vos fan llum.
A tot hom pagarets de fum,
        a qui degats;
e jamés cosa no façats
        qui bé us estia (...)
Ab hom qui haja lo bec groc
        fets companyia;

35

e si bella muller havia,
        dats-li entenent
que sóts son acostat parent,
        o el fets compare;
e si lo marit havia mare,
        gardats-vos d'ella.
Si volets haver muller bella,
        grassa ne plena,
si batre us vol, parats l'esquena
        o us morits tost (...)
Siats de natura d'anguila
        en quant farets.
Jamés no dejunarets
        sinó en dorment.
No pot haver poc estament
        l'hom atrevit.
Si volets ésser bon marit,
        siats modorro.
A tot hom donarets pel morro,
        qui pler vos faça,
i si algú mal vos percaça,
        aquell amats.
Si en monestir privadejats,
        tot és finat.
Si volets ésser mullerat
        a vostra honor,
no hi entrevinga corredor,
        mas qualque dona
a qui sia feta part bona
        de les cillades.
E jugarets a les canviades
        de les mullers.
Ab vídues haurets diners,
        si us hi fregats;
car, puix han llurs marits robats,
        si ho sabeu fer,
pujar-vos han a cavaller
        o a ric-hom.
Jamés no porets ésser prom,
        si no sóts sord.
Si volets estament en cort,
        siats frescal (...)
La gent vos tendrà per hom foll,
        si no guanyats
o la muller no computats;
        puix guany aport,

lleixats-la s'anar al deport
en nom de Déu;
car vostra vida serà breu
si àls ne fets (...)
Si malcarat sóts e dolent
ne desastruc,
tostemps serets pus astruc
en muller bella.
No menyspresets la dona vella
puix sia llisa,
majorment si entén la guisa
de l'arresar.
Si volets bones obres tractar
en qualque part,
dones hic ha que van en part
totes setmanes,
sinó el diumenge, que són sanes:
vejats miracle!
Puis van besar lo tabernacle
jus santa creu.
Bé és orb qui per crivell no es veu:
jo sé què dic.
Jamés no tingats per amic
null hom qui us am,
e si el veiets morir de fam
no li aidets.
E quan muller pendre volrets,
si és encetada
per vós no sia menyspreada,
car més ne val;
e si algú vos en diu mal
deits-l'hi tantost.
E si no és venguda al sol post,
jaga defora.
Quan la veurets tornar, si plora
ni és fellona,
abraçats-la, que a poca estona
farets la pau.
No us altets d'hom si no té clau
de la farina.
Tot hom prenga aquesta doctrina,
car fort és bona:
"Lo marit deu pintar la dona
e fer lo llit".
Si volets ésser mal graït
deits veritats.

Tots los absents són oblidats
        així com morts.
Injúries farets e torts
        generalment,
e puis haurets gran estament
        e bona fama,
e serets quiti de la flama
        que en infern crema (...)

Gilabert de Próixita
(mitjan s. XIV-1408)

"LO COR E ELS UELLS M'HAN LO CORS MIS EN PENA..."

Lo cor e els uells m'han lo cors mis en pena
ab fina amors que s'hi és enardida,
que els uells han fait tant que mon cor entena
en amar vós, que ets de tots bés garnida;
que e'ls prims qu'ieu vi vostra gentil bellesa
fon mon cor pres d'un amorós voler,
d'on s'és amor en mé tan fort encesa,
dona, que en mor lo vostre cavaller.

Així em destreny fina amor e em dessena,
que al llit, can dorm, mantes vets me reixida;
quan m'esbandesc, d'un esmai grieu m'estrena,
e perd l'ausir sovent quan hom me crida;
quan vuell parlar, trob ma llengua represa,
e planc e plor quan xançós vuell mover;
tant ha sus mé Amor potença mesa,
dona, que en mor lo vostre cavaller.

Que el desir fort que amor coral amena
han dins mon cor faita mortal ferida,
tant que llanguesc e no sai qui em defena,
si doncs mercè no em pren de sa partida.
Mas si bé us vei en tots bos faits cortesa,
ja no m'albir mercè em vullats haver,
car d'un refús xascun jorn faits empresa,
dona, que en mor lo vostre cavaller.

Le sovenirs que amors fina me porta
de vós, gentils, on cortesia raia,
me fai xantar e menar vida gaia
e mos afans de mal en bé transporta;
que ma douçor e vostra beutats granda
aduts tal gauig en ma pensa joiosa,
com plus vos am ab amors coratjosa,
lladoncs fis jois mos espirits abranda.

D'on vull sapjats que ins en vostra comanda
lais ieu del tot sen e sauber e força;
e no us pensets que per null temps me torça
de vos amar, que mai sí m'ho comanda
llials amors, que el cor e el cors me llia
ab un lliam de pura benvolença,
on me reprèn de vós tal sovinença
que hi sui pus gai que si d'altra em jausia.

Que els verais prets que mantenits tot dia
fai mon desir tan subtilment encendre,
que desamats vuell mais en vós entendre
que haver del món la dreta senyoria;
que amor m'és gran quan dins mon cor abonda:
tan fis no l'és en autra haver membrança
que de bos senys havets tal abundança
que entre les pros ets la plus jausionda.

Tant sui ferits ab l'amorosa fonda
que no em perdrets de fretura d'esmenda,
que el bos espers que dins mon cor s'atenda
en vós servir mos cinc senys environda.
Això em destreny ma voluntat ses mida,
cant plus vos grad me trob l'amor plus ferma,
per ço quan vei que tot lo món se ferma,
en dar-vos laus, que ets de tots bés garnida;

e puis tan gint vos ha virtuts vestida
que us faits lausar de virtuosa fama,
e vei xascús pels vostres laus vos ama,
és bé raisós que us port amor complida.
Per què us soplei, flors de gentil natura,
puis coneixets qu'ieu altra non decori,
vullats mostrar vas mé bon adjutori
e no us enui si eu vos am sens mesura.

Dona ses par: ab amorosa cura
ofir mon xant al novell cossistori,
per ço que a tots se mostre pus notori
com hi vai fis per amor qui em procura.

"AMANT LLANGUESC E LLANGUINT
PAS GRAN PENA..."

Amant llanguesc e llanguint pas gran pena,
e penant muir e morint vau perdent
gauig e solaç, conquistant marriment;
e fa-ho midons: com plus vai, plus m'estrena
d'ira crusel fent-me d'ergull semblança.
E mai no el fi per què em degués alcir,
    si doncs en dir
que és la millor e pus valent que sia;
e si per ço nenguns homs deu morir,
eu sui aicell que és dret que ella m'alcia.

Per mig dels ulls m'entrec la cremant flama
d'on s'és mon cor en fina amor encès,
que mai no vi causa que així em plagués
com la beutats d'aicella qui em desama.
Can vera amor vai firent de sa llança,
no sai conhort li puixa contradir,
    d'on vull grasir
l'honor molt gran que em dóna xascun dia,
quan per la res que és pus bella que es mir
m'ha fait entrar dins l'amorosa via.

Dona gentils e de gran excel·lença
té lo meu cor tan fort en son poder
que el sieu coman regira mon voler
e fai de més segons sa coneixença.
Ab mon cor sui ensems d'una acordança
que amar la vull, honrar e car tenir.
    Mas acollir
mos precs no vol; però si li placia
que la posqués ab son voler servir,
d'altre jamai no la sopleiaria.

¡Ah, dona pros, de valor coronada,
que us faits pel món a totes gens llausar!:
¿e per què us plai malvolença mostrar

vas més, qui sui de la vostra mainada?
Desesperats en la vostra esperança,
de gran tristor faits ma vida finir.
            Vós e desir
m'estrenyets; l'u em combat, l'autre em llia.
¡Ah, com val pauc de mercè requerir
lo cor altiu quan d'amor se desvia!

Sovent m'avé que assajaré d'empendre
que sopleiant de mercè l'enquerís;
mas quan la vei, fai sí co'l basalís:
ab son esguard m'alciu e em fai rependre
tan que lladoncs sui en major dubtança;
que remirant sa faç blanxa com llir,
            cuit defallir,
e torn com folls e no sai com m'estia;
que enaixí em pren un amorós desir
que els cinc senys perd e ma faç se canvia.

Dona ses par, vós me faits mal sofrir
            e conquerir
de jorn en jorn ira, dols e feunia;
mas ges per ço no vulla presumir
dona del món que m'hagués, si em volia.

Lluís Icart
(finals del s. XIV-primera meitat del s. XV)

"NA PAU, NA PAU, TANT DESIR VOSTRA PAU..."

Na Pau, Na Pau, tant desir vostra pau
com d'autra haver tot ço que se'n poria,
car tant havets sus totes milloria
que ab les que vei no em sové d'haver pau.
Per què d'huimai, en tota part on sia,
herauts vull ser expandint vostre llau;
            car tant me plau
vostre capteny amorós e susau,
que vostre sui, tant, que més no us diria:
            "Na Pau, n'he pau".

Joan Basset
(finals del s. XIV-primera meitat del s. XV)

"AB FIN VOLER VOS AM, SENYORA BELLA..."

Ab fin voler vos am, senyora bella,
tan llialment con requer amor franca;
per ço us present de berbena una branca
e us dó el bon jorn per ventura novella.
E sapiats que del meu cors e-z arma
podets vós far a tota vostra guisa;
per què el meu cor d'autre amor se desarma
si no de vós, per qui mantenc divisa.

Guerau de Maçanet
(finals del s. XIV-primera meitat del s. XV)

"AMORS JOI MI RENOVELLA..."

Amors joi mi renovella
qui em fai gaiament xantar
i en vós, domna, solaçar
mirant la flor de l'amella.

Per fina amors naix e fulla
dins lo meu cor una branca,
que tot cossir me despulla
contemplant-vos, domna franca.
Doncs, obrits-me vostra cella
honestament, lliri clar,
que ab vós me vull alegrar
mirant la flor de l'amella.

Gran pensament se prepara
denant mé, ricosa joia,
quan m'esguard la vostra cara,
que per gran beutat s'enjoia.
E doncs, puix mos volers vella
en vós servir e-z honrar,
degai de mi recordar
mirant la flor de l'amella.

Prats florits per gentilesa
e-z enclaus de nobles arbres,
valga'm la vostra bonesa,
e llevats-me dels freds marbres;
que jamés Sancta Marcella
no vol mais Jesús honrar
com ieu fas vós, ni llausar,
mirant la flor de l'amella.

Corals blancs, dins vostra cella
honestament vull estar,
e nostra amor conservar
mirant la flor de l'amella.

Andreu Febrer
(Vic, c. 1375/1380-Barcelona, 1444?)

"DOMNA, LO JORN QU'IEU ME PARTÍ DE VÓS..."

Domna, lo jorn qu'ieu me partí de vós
partí mon cor del cors e tenc sa via
no sai vas on, mas bé pes que ab vós sia,
que en autra part no puix creure que fos;
per què hai bon dreig e raisó qu'ieu me planya,
bella, de vós, qui el m'havets tant llunyat
del cors, qui çai roman desesperat,
sí que de plor tots jorns ma faç se banya.

E puix que així los tenits entramdós
acompanyats jus vostra senyoria,
no m'oblidets; mas si per gelosia
los vol partir algun truan gelós,
metets lo meu primer en l'avantguarda,
que ell guardarà vostra honor finaments,
sí com lleials e fis e francs servents
de vostra amor, que en null bon fait se tarda.

Car de vós és e de vós ha estat
mon cor tostemps e serà de ma vida;
e par-ho bé, car a la departida
l'hai ieu perdut e vós l'havets guanyat;
de què podets haver ferma cresença
qu'ieu sui ses cor per dones requerir;

43

vós n'havets dos per la fe mantenir
contra tots cells qui em vólon far ofensa

E-z ab aitant mandats ço que us plairà,
senyora pros, car no em veurets estraire
de far tot quant me comandets a faire,
ans per tostemps de cert vos amarà,
malgrat d'aicell qui tots jorns se rancura,
quan vostre cors veu tàn gen captenir
de gai solaç, d'autament acollir,
on valets mais que-z autra criatura.

Que enaixí creix tots jorns vostra beutats
e valors grans qui de vós naix e brulla,
que-z ieu no sai d'Espanya tro en Pulla
home que us vis no en fos enamorats;
e per ço crei bé que serets requesta
per tots aicells qui mills sabran triar;
mas vós, Amor, prec vullats-me guardar,
can serà ops, ma joiosa conquesta.

Angel, en vós ha tanta de mesura
e de bos aips que us sabets far grasir
als paucs, e els grans amar e cartenir,
e mais als pros en cui fis prets atura.

"COMBES E VALLS, PUIGS, MUNTANYES E COLLS..."

Combes e valls, puigs, muntanyes e colls
vei ja vestits de comblacs e de neus,
bois e jardís tots despullats de rams,
l'aire cobert de vents, pluigs e de grops,
e el mar tot blanc d'escuma per mal temps,
e tuit l'aucell estant en terra mut,
qui per l'hivern no móvon xants ne crits;
mas ieu sui calds quan l'altri búfon l'ungla.

Qu'ieu am e serv, e no fau res que folls,
de les millors la millor, e sui seus;
e si bé em dis fos de s'amor estramps
no me'n destull plus que de carn fai llops,
ans hai esper que ella e-z ieu ensems
jausirem tant lo joi d'amor, que drut
me dirà sieu tota gent, si ver dits,
e ens amarem tant com la carn e l'ungla.

44

E si bé el sui tan lluny, no el serai molls
de far e dir sos mandats totes veus,
qu'ieu jur pels sants que nostre paire Adams
no fon pus fels, ne enquer le sants homs Jobs,
ne cell qui fec una arca menys de rems,
vas Cell per cui hem trestuit resemut,
con ieu vas lei, en cui hai establits
mon cor e el cors del cap tro sus a l'ungla.

Car plus cobert sui de joi que rebolls
no n'és de glans eres en los jorns breus,
quan me remord la saborosa fams
qui em fai sentir de sa amor dolços glops.
Mas vau pensiu cossirant pels extrems;
tal pasor hai m'hage desconegut
com no m'escriu dels sieus delgats blancs dits,
carta o paper que ella tocàs de l'ungla.

Per què, ab les mans juntes, flec mos genolls,
sopleiant liei que no em giet de sos feus;
puix qu'ieu no em tolc d'altres precs ne reclams,
ans am lei tant que ja no em fóra ops
per ésser meu Tir o Jerusalems.
Tant m'ha desirs de sa amor abatut,
que el cor e el cors e el sens e l'esperits
me són venguts ja tro al cap de l'ungla.

Loidana amor, un furt entretostemps
vos hai ieu fait, no em sia maltengut,
com ieu vos pris de l'un dels vostres dits
celadament lo gai joiell de l'ungla.

L'aut rei guerrer vull servir altre temps
(qui pels tirans és llur mal grat temut)
vas Mongibell, que els ben e mal vestits
fai mantes vets bufar lo cap de l'ungla.

BALADA

Ai! cors avar, escàs, rics de mercè,
llargues e francs, de tota honor complida,
lo mills del món; si no us hai fait per què,
llas!, com volets així fenir ma vida?
Trist, angoixós, desamat, plen d'esmai,

amorós bast de tota grieu tristura,
puix qu'ieu no sui vostre, de qui serai?
Mort, vine tost, feneix ma aspra ventura!

Abandonats, cui Amors no sosté,
marrits, caitius, ¿on haurai mai gandida
puix la non-par e millor de tot bé
no em vol per sieu e ab nonxaler oblida
la fina amor e el bon voler que ieu hai,
e mon llas cor d'autra amar ges no es cura?
Puix qu'ieu no sui vostre, de qui serai?
Mort, vine tost, feneix ma aspra ventura!

Mala viu anc la dolçor qui us manté
e el fin gai prets d'on ets la mills aibida,
e mala anc viu ma ferma lleial fe
qui de tal bruit ha ma amor haünida;
que autre plaser jamés de vós haurai,
mas solament l'amor, si us par dretura.
Puix qu'ieu no sui vostre, de qui serai?
Mort, vine tost, feneix ma aspra ventura!

Loindana amor, tot quant vei çai ne lai
m'és vil e lleu com l'ombra qui pauc dura.
Puix qu'ieu no sui vostre, de qui serai?
Mort, vine tost, feneix ma aspra ventura!

Jordi de Sant Jordi
(València, finals del s. XIV-Itàlia, 1423 o 1424)

"JUS LO FRONT PORT VOSTRA BELLA SEMBLANÇA..."

Jus lo front port vostra bella semblança
de què mon cors nit e jorn fa gran festa,
que remirant la molt bella figura
de vostra faç m'és romasa l'empremta
que ja per mort no se'n partrà la forma,
ans quan serai del tot fores d'est segle,
cells qui lo cors portaran al sepulcre
sobre ma faç veuran lo vostre signe.

Sí com l'infants quan mira lo retaule
e, contemplant la pintura ab imatges

ab son net cor, no lo'n poden gens partre
—tant ha plaser de l'aur qui l'environa—,
atressí em pren davant l'amorós cercle
de vostre cors, que de tants béns s'enrama,
que mentre el vei màs que Déu lo contemple:
tant hai de joi per amor qui em penetra!

Així em té pres e lliats en son carçre
amors ardents, com si estés en un cofre
tancat jus claus, e tot mon cors fos dintre,
on no pusqués mover per null encontre;
car tant és grans l'amor que us hai e ferma
que lo meu cor no es part punt per angoixa,
bella, de vós, ans és çai ferm com torres
e sol amar a vós, blanxa colomba.

Bella sens par ab la presença noble,
vostre bell cors, bell fec Déu sobre totes,
gais e donós, lluu pus que fina pedra,
amorós, bells, plus penetrants que estela;
d'on quan vos vei ab les autres en flota
les jusmetets, si com fai lo carboncles
que de virtuts les fines pedres passa:
vós ets sus lei com l'astors sus l'esmirle.

L'amor que us hai en totes les parts m'ascla,
car non amec pus coralment nulls hòmens;
tan forta amor com cesta que el cor m'obre
no fonc jamais en null cors d'hom ne arma.
Màs sui torbats que no fonc Aristòtils
d'amor qui m'ard e mos cinc senys desferma;
co'l monjos bos que no es part de la cetlla,
no es part mon cors de vós tant com dits d'ungla.

Oh cors donós, net de frau e delicte!,
prenets de mé pietats, bella dona,
e no sofrats que-z amant-vos peresca,
puix que eu vos am mais que nulls homs aferma;
per què us soplei a vós, que ets le bells arbres
de tots bos fruits on valor grans pren sombra,
que em retenyats en vostra valent cambra,
puix vostre sui e serai tant com visca.

Mos rics balais, cert, vós portats le timbre
sus quantes són e'l mundanal registre,
car tots jorns naix en vos cors e revida
bondats, virtuts, mes que en Pentasilea.

47

"SOVINT SOSPIR, DONA, PER VÓS, DE LLUNY..."

Sovint sospir, dona, per vós, de lluny,
e sospirant va creixent ma follia
de vostra amor, que enaixí fort me puny
que em gira gauig en gran melancolia
quan me record de vostre departir
que a far me ve de vostra bella vista
e del comiat que pendrai al partir,
tant que tristor m'assauta i em conquista.

Certes, bé sai que em valgra més morir,
com fec sant Peire o sant Joan Batista,
a crusel mort, que en aicest punt venir
de veure tal cerimònia trista,
que del pensar ne perd sauber e seny
e vau com folls parlant en oradura
ab mi meseis, e si algún diu que em seny
eu li respon rasó fora mesura.

Mas fina amor eras tan fort m'estreny,
ans del partir no vull en tal pressura
metre mos ulls, car no em valdria seny,
arts ne saber; mas puix que és ma ventura
que així forçat m'hai de vós a llunyar,
lo comiat prenc er per tota vegada
del vostre cors, bell e linde sens par,
e llaix mon cor en la vostra posada.

O Déu! e com porai de mort campar
quan me veurai sols, ab pensa torbada,
en un vaixell de fust lai en la mar,
absent de vós, llunyats d'esta encontrada?
Mi recordant que em serai tan llunyats
del país dolç on vostre cors habita,
lladoncs morís, si com desesperats,
malesint mi, fortuna i mala dita.

A Déu coman, bella, vostres beutats;
vostre capteny que tots mals foragita.
A Déu coman a vós, que el món honrats,
que al mig del cor portats Honor escrita.
A Déu coman vostre amorós esguard
ab què em trasqués lo cor d'on se devisa.
A Déu vos don, eras, puix que eu me part
de la mellor que mai vestís camisa.

Reina d'Honor, eu sui en tota part,
o vius o morts, vostres en tota guisa;
e prec a Dieu que ja de mal no em guard,
si ieu part l'amor que hai jus mon cor asisa.

"ENYORAMENT, ENUIG, DOL E DESIR..."

Enyorament, enuig, dol e desir
m'han dat assaut des que em partí de vós,
tan fort que ja res no em pot abellir
e tot quant vei plasent m'és enujós.
Tant m'ha fet mal lo vostre departir
que m'entrenyor com no us vei com solia,
e per gran dol sovint llanç mant sospir,
sí que hai pasós que desir no m'aucia.

Ah, cors gentil! quan de vós me partí
e us vi sus alt al vostre mirador,
morir cogei, tan greus dolor sentí:
així em destreny de son poder amor.
Mas com forçat em forcí mon voler
e pris comiat de vós, gauig de ma vida,
planyent, plorant e-z ab greu desesper,
maldint lo jorn de ma trista partida.

Si bé dellai visc eu ab desplaser
per los gelós que us n'havien llunyat,
mas sols quan eu vos podia veser
encontinent tot l'àls m'era oblidat;
mas ara em veig de tot plaser absent,
cargat d'amor e paubre de ventura,
no vesent vós, que us am tan finament,
e per aiçò morrai si gaire em dura.

Can me record en lo departiment
e pens en vós, me sembla que us vei clar;
en aicell punt me corre un sentiment
per tot lo cors que em fa los ulls plorar.
Puix van al cor e fan-li dir cridant
ab agres veus: "Ai! on est, ma senyora?
On est, mon bé? Per que eu muir desirant
pel no veser" Tan fortment vos enyora!

Na Isabel, tant havets sobre mé
que com no us vei visc en fort penitença;

mas al punt tost e pus breu que poré
irai veser la vostra continença.

Car lo meu cors és tan irat ab mé
e tan felló per vostra despartença,
que em vol aucir e diu que, per sa fe,
tro us haja vist no m'haurà benvolença.

"DESERTS D'AMICS, DE BÉNS E DE SENYOR..."

Deserts d'amics, de béns e de senyor,
en estrany lloc i en estranya contrada,
lluny de tot bé, fart d'enuig e tristor,
ma voluntat e pensa caitivada,
me trob del tot en mal poder sotsmès,
no vei algú que de mé s'haja cura,
e sui guardats, enclòs, ferrats e pres,
de què en fau grat a ma trista ventura.

Eu hai vist temps que no em plasia res;
ara em content de ço qui em fai tristura,
e los grillons lleugers ara preu més
que en lo passat la bella brodadura.
Fortuna vei que ha mostrat son voler
sus mé, volent que en tal punt vengut sia;
però no em cur, puis hai fait mon dever
ab tots los bons que em trob en companyia.

Car prenc conhort de com sui presoner
per mon senyor, servint tant com podia,
d'armes sobrat e per major poder,
no per defaut gens de cavalleria.
E prenc conhort quan no puc conquerir
haver en res sens que treball no senta,
mas d'altra part cuid de tristor morir
con vei que el món del revers se contenta.

Tots aquests mals no em són res de sofrir
en esguard d'u qui el cor me destenta
e em fai tot jorn d'esperança partir:
com no vei res que ens avanç d'una espenta
en acunçar nostre deslliurament,
e més que vei ço que ens demanda Sforça

que no sofir algun raonament,
de què llangueix ma virtut e ma força.

Per què no sai ni vei res al present
que em puixa dar en valor d'una escorça,
mas Déu tot sol, de qui prenc fundament
e de qui fiu, i ab qui mon cor s'esforça;
e d'altra part del bon rei liberal,
qui em socorrec per gentilesa granda,
lo qui ens ha mès del tot en aquest mal,
que ell me'n traurà, car soi jus sa comanda.

Reis virtuós, mon senyor natural,
tots al present no us fem altra demanda,
mas que us record que vostra sang reial
mai defallí al qui fos de sa banda.

Francesc de la Via
(...1403-1425...)

"NO FONC DONAT TAL JOI EN TOT LO SEGLE..."

No fonc donat tal joi en tot lo segle,
ne ho serà mai tan valent ne tan noble,
com féu a mi una gentil senyora
lo jorn que em tenc en secret dins sa cambra;
e gens no dic açò per fer gaubança,
ans ho faç bé perquè muiren d'enveja
fals lausangers, que Déus vulla confondre,
que en tots mos faits m'han volgut tostemps noure.

Jamés falcó no venc tan prest al lloure
quan li criden caçadors ab llur ciscle,
com eu quan vi son cors alt en la torre
e em féu cimbell d'una alcandora linda.
E açò fonc la nit de cincogesma;
dins son palau entrí, cella jornada,
ab pas secret per una falsa porta,
e de color fui pus vermell que porpra.

Quan viu son cors sots un dosser de porpre
e sos cabells flamejants com estella,
e els pits pus blancs que neu e flor de lliri,

fui esvaït e quaix fora d'arbitre.
E quan fui prop de sa gentil persona,
més odorant que ambre ne violeta,
sobre mon coll me posà son braç destre
e va'm besar de vegades ben trenta.

En aquell punt fonc ma sang trop calenta
e mos polsos començaren a batre;
lladoncs se moc la virtut espulsiva
e ma carn cresc tornant dura com pedra.
De volentat lo cor me tremolava
tot enaixí com fa fulla en arbre,
ab basca fort, no pensant veure l'hora
que ab son gai cors posqués cella nit jaure.

Del mortiment cuidí en terra caure,
mes ella em va dins una cambra metre
ab llit real e paraments de seda,
que emperadriu no pens l'haja tan bella.
Lladoncs posà d'aur la bella despulla,
e el seu gai cors romàs ab alcandora,
ben perfumat, e tota algaliada,
ho volc prop leis que dormís a l'espona.

E no us pensets pas duràs llonga estona.
Per mig del cors li mis un gran palm d'asta,
trencant los tels de sa virginal claustra,
e leis dix: "Ai, ai, ai, que ara sui morta;
que el cor me fall e l'arma em desempara".
E dins mon queix me mes un tros de llengua,
girant los ulls ab graciós donari,
sí que eu pensí fos finida sa vida.

E cuidats vós que ella fos esvaïda
quan sentí els colps de les puntes ferides?
No us ho pensets: ans començà rebatre
los colps amunt en manera solemne.
E-z a paucs trets leis donà aigua al ferre,
e mon falcó lladoncs rasé la gorga
ab tal plaer que no es pot dar entendre
ne amostrar, sinó ab espariença.

Joia d'un rei e flor d'auta semença,
desir hai gran que abdui fasam crispells,
mas tant m'havets escolats mos sitrells
que d'oli pur ja no us puix far valença.

Ausias March
(Gandia? c. 1397-València 1459)

"QUINS TAN SEGURS CONSELLS VAS ENCERCANT..."

¿Quins tan segurs consells vas encercant,
cor malastruc, enfastijat de viure?
Amic de plor e desamic de riure,
(¿com soferràs los mals qui et són davant?
Acuita't, doncs, a la mort qui t'espera,
e per tos mals te allongues los jorns;
aitant és lluny ton delitós sojorns
com vols fugir a la mort falaguera.

Braços oberts és eixida a carrera,
plorant sos ulls per sobres de gran goig;
melodiós cantar de sa veu oig,
dient: "Amic, ix de casa estrangera.
En delit prenc donar-te ma favor.
que per null temps home nat l'ha sentida,
car io defuig a tot home que em crida,
prenent aquell qui fuig de ma rigor."

Ab ulls plorant e cara de terror,
cabells rompent ab grans udolaments,
la vida em vol donar heretaments
e d'aquests dons vol que sia senyor,
cridant ab veu horrible i dolorosa,
tal com la mort crida el benauirat;
car si l'hom és a mals aparellat,
la veu de mort li és melodiosa.

Bé em meravell com és tan ergullosa
la voluntat de cascun amador;
no demanant a mi qui és Amor,
en mi sabran sa força dolorosa.
Tots, maldient, sagramentejaran
que mai Amor los tendrà en son poder,
e si els recont l'acolorat plaer,
lo temps perdut, sospirant, maldiran.

Null hom conec o dona a mon semblant,
que dolorit per Amor faça plànyer;
io són aquell de qui es deu hom complànyer,
car de mon cor la sang se'n va llunyant.

Per gran tristor que li és acostada,
seca's tot jorn l'humit qui em sosté vida,
e la tristor contra mi és ardida,
e en mon socors mà no s'hi troba armada.

Llir entre cards, l'hora sent acostada
que civilment és ma vida finida;
puix que del tot ma esperança és fugida,
ma arma roman en aquest món damnada.

"COLGUEN LES GENTS AB ALEGRIA FESTES..."

Colguen les gents ab alegria festes,
lloant a Déu, entremesclant deports;
places, carrers e delitables horts
sien cercats ab recont de grans gestes;
e vaja io los sepulcres cercant,
interrogant ànimes infernades,
e respondran, car no són companyades
d'altre que mi en son continu plant.

Cascú requer e vol a son semblant;
per ço no em plau la pràtica dels vius.
D'imaginar mon estat són esquius;
sí com d'hom mort, de mi prenen espant.
Lo rei xipré, presoner d'un heretge,
en mon esguard no és malauirat,
car ço que vull no serà mai finat,
de mon desig no em porà guarir metge.

Cell Texion qui el buitre el menja el fetge
e per tots temps brota la carn de nou,
en son menjar aquell ocell mai clou;
pus fort dolor d'aquesta em té lo setge,
car és un verm qui romp la mia pensa,
altre lo cor, qui mai cessen de rompre,
e llur treball no es porà enterrompre
sinó ab ço que d'haver se defensa.

E si la mort no em dugués tal ofensa
—fer mi absent d'una tan plasent vista—,
no li graesc que de terra no vista
lo meu cors nu, qui de plaer no pensa
de perdre pus que lo imaginar

los meus desigs no poder-se complir;
e si em cové mon darrer jorn finir,
seran donats térmens a ben amar.

E si en lo cel Déu me vol allojar,
part veure Ell, per complir mon delit
serà mester que em sia dellai dit
que d'esta mort vos ha plagut plorar,
penedint-vos com per poca mercè
mor l'ignocent e per amar-vos martre:
cell qui lo cors de l'arma vol departre,
si ferm cregués que us dolríeu de sé.

Llir entre cards, vós sabeu e io sé
que es pot bé fer hom morir per amor;
creure de mi, que só en tal dolor,
no faréu molt que hi doneu plena fe.

"VELES E VENTS HAN MOS DESIGS COMPLIR..."

Veles e vents han mos desigs complir,
faent camins dubtosos per la mar.
Mestre i ponent contra d'ells veig armar;
xaloc, llevant los deuen subvenir
ab llurs amics lo grec e lo migjorn,
fent humils precs al vent tramuntanal
que en son bufar los sia parcial
e que tots cinc complesquen mon retorn.

Bullirà el mar com la cassola en forn,
mudant color e l'estat natural,
e mostrarà voler tota res mal
que sobre si atur un punt al jorn;
grans e pocs peixs a recors correran
e cercaran amagatalls secrets:
fugint al mar, on són nodrits e fets,
per gran remei en terra eixiran.

Los pelegrins tots ensems votaran
e prometran molts dons de cera fets;
la gran paor traurà al llum los secrets
que al confés descoberts no seran.
En lo perill no em caureu de l'esment,
ans votaré al Déu qui ens ha lligats

de no minvar mes fermes voluntats
e que tots temps me sereu de present.

Io tem la mort per no ser-vos absent,
perquè Amor per mort és anul·lats;
mas io no creu que mon voler sobrats
pusca esser per tal departiment.
Io só gelós de vostre escàs voler,
que, io morint, no meta mi en oblit;
sol est pensar me tol del món delit
—car nós vivint, no creu se pusca fer—:

aprés ma mort, d'amar perdau poder,
e sia tots en ira convertit,
e, io forçat d'aquest món ser eixit,
tot lo meu mal serà vós no veer.
Oh Déu, ¿per què terme no hi ha en amor,
car prop d'aquell io em trobara tot sol?
Vostre voler sabera quant me vol,
tement, fiant de tot l'avenidor.

Io són aquell pus extrem amador,
aprés d'aquell a qui Déu vida tol:
puix io són viu, mon cor no mostra dol
tant com la mort per sa extrema dolor.
A bé o mal d'amor io só dispost,
mas per mon fat Fortuna cas no em porta;
tot esvetllat, ab desbarrada porta,
me trobarà faent humil respost.

Io desig ço que em porà ser gran cost,
i aquest esper de molts mals m'aconhorta;
a mi no plau ma vida ser estorta
d'un cas molt fer, qual prec Déu sia tost.
Lladoncs les gents no els calrà donar fe
al que Amor fora mi obrarà;
lo seu poder en acte es mostrarà
e los meus dits ab los fets provaré.

Amor, de vós io en sent més que no en sé,
de què la part pijor me'n romandrà;
e de vós sap lo qui sens vós està.
A joc de daus vos acompararé.

SISÈ CANT DE MORT

Si per null temps creguí ser amador,
en mi conec d'amor poc sentiment.
Si mi compar al comú de la gent,
és veritat que en mi trob gran amor;
però si guard algú del temps passat
i el que Amor pot fer en lloc dispost,
nom d'amador solament no m'acost,
car tant com dec no só passionat.

Morta és ja la que tant he amat,
mas io són viu, veent ella morir;
ab gran amor no es pot bé soferir
que de la Mort me pusca haver llunyat.
Lla dec anar on és lo seu camí,
no sé què em té que en açò no m'acord:
sembla que ho vull, mas no és ver, puix Mort
res no la tol al qui la vol per si.

Enquer està que vida no finí,
com prop la Mort jo la viu acostar,
dient plorant: "¡No vullau mi lleixar,
hajau dolor de la dolor de mi!"
Oh cor malvat d'aquell qui es veu tal cas,
com pecejat o sens sang no roman!
Molt poca amor e pietat molt gran
degra bastar que senyal gran mostràs.

Qui serà aquell que en dolre abastàs
lo piadós mal de la Mort vengut?
Oh cruel mal, qui tols la joventut
e fas podrir les carns dins en lo vas!
L'espirit, ple de paor, volant va
a l'incert lloc, tement l'eternal dan;
tot lo delit present deçà roman.
Qui és lo sant qui de Mort no dubtà?

Qui serà aquell qui la mort planyerà,
d'altre o de si, tant com és lo gran mal?
Sentir no es pot lo damnatge mortal,
molt menys lo sap qui mort jamés temptà.
Oh cruel mal, donant departiment
per tots los temps als coratges units!
Mos sentiments me trob esbalaïts,
mon espirit no té son sentiment.

Tots mos amics hagen complanyiment
de mi, segons veuran ma passió;
haja delit lo meu fals companyó,
e l'envejós, qui de mal delit sent,
car tant com puc, io em dolc e dolre'm vull,
e com no em dolc, assats pas desplaer,
car io desig que perdés tot plaer
e que jamés cessàs plorar mon ull!

Tan poc no am que ma cara no mull
d'aigua de plor, sa vida i mort pensant;
en tristor visc, de sa vida membrant,
e de sa mort aitant com puc me dull.
No bast en més, en mi no puc fer pus,
sinó obeir lo que ma dolor vol;
ans perdre vull la raó, si la'm tol,
mas puix no muir, de poca amor m'acús.

Tot amador d'amar poc no s'excús
que sia viu, e mort lo seu amat,
o que almenys del món visca apartat,
que solament haja nom de resclús.

"QUI NE PER SI NE PER DÉU VIRTUTS USA..."

Qui ne per si ne per Déu virtuts usa,
bé serà foll que pena pas sens mèrit.
On mal faents, de llur mal fet no penen;
los ben faents, de ben fer no meriten.
Ja són estats versemblants bons, per fama,
no pas en ver, car, per fama, bé feien
e per llurs fets lo món los meritava.
No hi rest al món que res de bé guardone.

Doncs lo mal hom als hòmens ja té escusa:
cascú pot ser tal com son voler dicta;
tot estament son ofici no serva
(no em sé els prelats; perdon-m'ho Déu com dubte).
Papes e reis fins a l'estat pus minve,
fan lo que els plau, mas no pas lo que volen.
Déu, amador d'intenció primera,
és colt i honrat d'intenció segona.

Dret natural és que la Prima Causa
en nostre amor les altres preceesca,

e quant se fa, se faça per aquella,
e no vullam aquella per les altres.
Ella és la fi de nós e lo principi;
en ella és, més que en nós, lo nostre ésser;
nós, ignorants, regiram aquest orde,
car Déu volem no per si, mas per altre.

Déu no pregam ardentment, sinó en pressa
e quan volem gràcia d'Éll atènyer;
e som tan pecs que ens pensam Ell nos oja,
e nostres precs ab gran dret nos condamnen.
Puix no havem l'intenció primera
en Ell, i aprés a nós e nostres coses,
a nostres precs Ell ou d'orella sorda,
e no ens partim davant ell menys de colpa.

No em meravell si els fets de Déu s'ignoren,
com los morals, qui són clars, escurs paren;
llur fonament és en nostres ventresques,
per què no ens cal escartejar molts llibres.
Si a través la fusta va a la roca,
raó serà puix nauxer no la guia.
Si per virtuts los hòmens no s'adrecen,
¿què pendran, doncs, per forma de llur viure?

Si Déu no fos, ne lo món donàs premis,
per si mateix hom deu fer bones obres,
car en ben fer lo bon hom se delita
e l'home rep de sa bona obra paga.
Mas qui en Déu ne en si no es glorieja,
mas vol haver honor, glòria, fama,
foll és pensant que fent bé les atenga
e si no sap que treball no mereixen.

Segurs de Déu són de llurs crims los hòmens
en aquest món, puis càstig no se'n mostra,
e ja los reis los potents no castiguen
perquè els han ops i en part alguna els dubten.
Sí com lo llop la ovella devora,
e lo gran tor, segur d'ell, peix les herbes,
així los reis los pobres executen
e no aquells havents en les mans ungles.

No roman sol la colpa en los prínceps,
mas en aquells qui en mal fer los insten;

ells ja són mals, i en mal fer los enclinen
per llur profit o per causa d'enveja.
De nós mateixs pren lo mal causa prima,
qui ens fem senyors, ab lo poder del príncep,
encontra aquells qui ens són pars e eguals frares,
per fer-nos grans d'honor e de riqueses.

Doble animal és l'hom i els altres simples,
per ço com són en ell dues natures;
si del que fa no en complau almenys una,
del tot és foll que de natura isca:
si no complau a la part raonable
o l'apetit, sol que altre no en damnege.
Foll és del tot, si en bé fer se turmenta
per haver ço que el món als bons denega.

Tals com aquells qui per la mar naveguen
són desviats si els fall la tramuntana,
e van en llocs on la ventura els porta,
són en lo món los hòmens que en ell viuen,
puix la virtut no tenen per ensenya:
cascú va lla on l'apetit lo porta.
Qui contrafà, és foll que s'atribule,
puix que no sap causa per qui treballe.

O Déu! ¿Per què los qui en lo món tribulen
i el que volran per null temps aconsiguen,
i, aconseguit, llur voler més desija,
sí que jamés fam se part de llur ventre,
com ne per què no demanen ab cuita
si res pot ser de què l'hom se contente?
Sabran que hoc e veuran qui els engana,
e contra si com per tots temps treballen.

Per acabat foll se tendrà el pus savi;
de son defalt haurà més coneixença,
penedint-se, donant-se a carnatge,
servint aquell que no sap d'on davalla.
D'opinió falsa pren lo seu ésser;
pres-la en descuit, no és lo qui es pensava.
Fama i diners cuidà que virtuts fossen;
los folls les han e savis les pledegen.

Res no és bo que el mal hom posseesca,
e com honors los mals hòmens atenguen,
los hòmens bons ab fam no les demanen,

e majorment pensant los qui les donen.
Foll és aquell qui el do del foll molt prea,
car ja no ha d'aquell do la estima;
a la final, diferença no és molta
entre aquells qui vanes coses volen.

La bona honor al bon hom no contenta,
car lo bon hom en son acte es delita,
no en l'honor del qui li s'agenolla.
Si honor és bé, en aquell és qui honra,
e no en l'honrat, mas lo seu bé senyala;
e si no hi és, honor folla és aquella,
que lo bon hom de tot en tot menyspea.
No pens ser bo qui en tal bé se glorieja.

Gran raó em par que Déu nos avorresca,
puix lo perdem per Déu qui no és en ésser.
Quan los gentils los llurs déus adoraven,
en llur error havien gran escusa,
veent aquells ab l'ull, no sol de pensa,
e versemblants que els parien miracles.
Ara adoram déus d'opinió falsa,
durant aitant com los trigam conèixer.

A la virtut cuidam fer sacrifici
quan la honor havem en reverença,
e no sabem d'on fals honor pren força,
e ignoram d'on vera honor pren forma.
Tota honor nos sembla que es deu colre,
ne los sabents més de l'entendre passen,
car fan honor als qui no la mereixen;
tots som eguals al que defora es mostra.

Afecció i enveja als bons guerregen,
enemics són d'honor e fama bones,
e l'ignorant en qui ver juí es gasta.
Qui serà aquell qui de llurs mans escape?
Més són, però, los qui d'honor mal tracten
que tots aquells qui la fama varien;
al viciós pus tost l'és honor dada
que lo dolent de fama no triumfa.

No solament als pecs, qui res no entenen,
mas a quants som l'ull nostre s'enfalaga,
sí que, veent, los favorits hom honra,
e tol record, com no són molts colpables

qui per lleigs fets són muntats a domini.
Honra'ls l'estat més que lleig fet no els lleva.
Doncs, ¿qui és lo foll qui per honor bé faça,
puix la honor per bé fer no s'atenga?

Ignorantment al món alguns bé obren
per no saber lo qui els ne dóna causa;
altres no tant, mas pagament bé usen,
faents per tal que llur ben fer se perden.
Los primers són tenguts molt a natura,
qui els fa ben fer, per moviment qui els dóna.
Los altres són vers Déu e si colpables;
infern, vivint e pres mort, posseeixen.

Fàstic ha Déu de qui el món no té en fàstic,
e del qui l'ha, si d'aquell no s'aparta.
No solament és lluny qui és en l'ermita,
mas tots aquells qui del barbull se llunyen.
Lladre és vist qui ab lladres practica;
superbiós, qui per honor treballa;
avar, aquell qui ab diners se bolca:
lo lloc on és lo mostra ser colpable.

Diners, honor, no s'han per bones vies,
tants són los mals qui per aquells treballen.
Qui bonament en aquest món pratica,
no pot muntar per los mals qui l'empatxen;
qui regiment vol, de ben fer no s'alta,
o és grosser, no sabent que s'hi usa.
A mal a fer lo camí pla no ens porta;
per nous camins hi van i estranyes sendes.

Si l'hom hagués per lleig fet vituperi,
¿què farà aquell cavaller sodomita,
havent pres grau d'excel·lent viril home,
i aquell jaqueix volent costum de fembra?
D'alguns sabem aquest pecat horrible;
no en veig senyal que honor los sia tolta.
Qui no la tol de on tolta deu ésser,
no la darà en part on se meresca.

Ja no és crim que la honor rebuge,
e ja molt menys en hòmens que en les fembres:
ans fa senyal un poc pecat en elles
que lo major que es pot fer en los hòmens.
Açò esdevé perquè els hòmens són jutges,

passants dolor del crim que elles més toca;
amant a si, lo mal d'altre encareixen,
e simples fan llurs fets abominables.

Reptar no cal de llurs vicis les dones,
car de aquells natura en pren lo càrrec;
qui no entén, e passió lo força,
de son bé i mal natura és maestra.
Los tres pilars on lo bé d'hom s'assenta,
ésser no pot que en elles se recolzen:
llur fonament deu ésser la prudença,
e lo nom sol a elles par salvatge.

Als qui poder e saber han d'apendre
e de ben fer per favor de natura,
encontra d'ells Déu pogra fer miracle
com, en pecar, de la natura ixen.
Simplement l'hom contra natura peca
en tot pecat, puis a raó repugna;
de tot en tot a sa natura és contra,
com en pecar traspassa d'hom los térmens.

Io guard lo cel e no veig venir flames
per abrasar la sodomita secta.
¿On és lo temps que tu prenies venja
de tots aquells qui natura ofenien?
Mire lo cel quan plourà la justícia
que en temps passat entre nós habitava,
e no veig res que d'aquest lloc davalle;
en fe roman tot quant de Tu s'espera.

O senyor Déu! E quan serà que et mostres?
Ja tarda molt com del mal hom no et venges.
Io són ben cert que dellà t'ho esperes,
mas en lo món bé em sembla que et mostrasses.
Vulles haver pietat del bon poble;
poneix aquells sients alt en cadira,
qui de l'anyell volen la carn e llana
e són consents que feres los devoren!

Si dels estrems los hòmens no s'espanten,
vicis comuns quasi en virtuts s'empenyen:
ja los avars passen per hòmens savis,
los cavallers per mercaders s'espatxen,
e los coarts llur grau d'honor no perden,
per bé que el nom en los pits d'hom romanga.

Als propris fets enteniment no es troba;
sí per aquells per on diners s'ajusten.

No és deshonrat per ser avar lo jove
e que passàs Tantalús en cobea;
si és dispost en ser franc, essent pròdig,
ja li nourà, si tracta matrimoni.
Vell, ignocent de bé, mas de mals apte,
luxuriós, cobert e ple de pompa,
no perd honor, ne entre los pecs sa fama.
Qui són aquells, sabents quin deu l'hom ésser?

¿Què pot valer hom que endignat no sia
encontra aquells qui en lo món triumfen,
veent-los folls, grossers e plens de vicis,
e tot llur bé los ve per atrivença?
No en sé algú qui el món tant lo rebuge
que l'enderroc, puix, no sentint, no es cansa.
Mal dit, jutjat pot ser, mas no l'empatxen;
a l'atrevit lo món camí li obre.

Pels mals mijans lo món sa favor dóna,
i, en son despit, los atrevits s'avancen;
són avorrits, e quasi el món los dubta;
lloc té cascú en lo món on s'alloga.
No hi és raó l'ordenador al seure,
ne hi seurà algú si espera bon orde;
no contrafà la taula de Peruça:
orde no hi és, mas error sempiterna.

Rei no regeix ne els pobles obeeixen;
no sé qui és pus colpable a l'altre;
degun estat a l'altre no impugne,
car no és algú que sa fi no es desvie.
Si algun hom és qui la regla rompa,
tan poca part al tot punt no altera;
ab tot açò resta la regla ferma:
un oronell l'estiu no denuncia.

O gent del món! Obriu los ulls per veure
com no és ver lo que veritat sembla,
e que honors, la glòria o fama,
per les virtuts per null temps s'atengueren.
Lo cobejós, cruel, feint, ple de pompa,
astuciós, importú, sens Déu tembre,
aquest aital les gents per Déu adoren,
elles semblant que font de virtuts mane.

L'hom que virtut ab sol entendre toca
i en algun tant per glòria consegre,
és coneixent e la favor menysprea,
veent los folls com en aquell atenyen;
no és tan bo, que si los bons l'havien
no la volgués ab raonable estima;
no és tan foll que en estrem la cobege.
L'entendre ha, mas a virtut no basta.

¡O quant són pocs qui de general regla
sàpien fer als fets singulars regles,
e aplicar aquelles a la vida
e fer juís incerts e necessaris!
Tots los juís qui es fan entre los hòmens,
afecció la sentència ordena;
d'on tinc per foll qui en glòria es munta
per lo juí qui tal jutge la done.

Causa han les gents d'esta error comuna,
puix en lo món tal enteniment troben;
ans de haver del ver la coneixença,
han engenrats hàbits dels mals conceptes.
No ha molt fet qui en coneixença basta,
mas lo qui l'ha, que la part bona prenga;
als hòmens flacs par obra impossible,
per què ab ull flac miren cosa difícil.

CANT ESPIRITUAL

Puix que sens Tu algú a Tu no basta,
dóna'm la mà o pels cabells me lleva;
si no estenc la mia envers la tua,
quasi forçat a Tu mateix me tira.
Io vull anar envers Tu a l'encontre;
no sé per què no faç lo que volria,
puix io són cert haver voluntat franca
e no sé què aquest voler m'empatxa.

Llevar mi vull e prou no m'hi esforce:
ço fa lo pes de mes terribles colpes;
ans que la mort lo procés a mi cloga,
plàciat, Déu, puix teu vull ser, que ho vulles;
fes que ta sang mon cor dur amollesca:
de semblant mal guarí ella molts altres.

Ja lo tardar ta ira em denuncia;
ta pietat no troba en mi què obre.

Tan clarament en l'entendre no peque
com lo voler he carregat de colpa.
Ajuda'm, Déu! Mas follament te pregue,
car Tu no vals sinó al qui s'ajuda,
e tots aquells qui a Tu se apleguen,
no els pots fallir, e mostren-ho tos braços.
¿Què faré io, que no meresc m'ajudes,
car tant com puc conec que no m'esforce?

Perdona mi si follament te parle!
De passió parteixen mes paraules.
Io sent paor d'infern, al qual faç via;
girar-la vull, e no hi disponc mos passos.
Mas io em record que meritist lo Lladre
(tant quant hom veu no hi bastaven ses obres);
ton espirit lla on li plau espira:
com ne per què no sap qui en carn visca.

Ab tot que só mal crestià per obra,
ira no et tinc ne de res no t'encolpe;
io són tot cert que per tostemps bé obres,
e faç tant bé donant mort com la vida:
tot és egual quant surt de ta potença,
d'on tinc per foll qui vers Tu es vol irèixer.
Amor de mal, e de bé ignorança,
és la raó que els hòmens no et coneixen.

A Tu deman que lo cor m'enfortesques,
sí que el voler amb ta voluntat lligue;
e puix que sé que lo món no em profita,
dóna'm esforç que del tot l'abandone,
e lo delit que el bon hom de Tu gusta,
fes-me'n sentir una poca centilla,
perquè ma carn, qui m'està molt rebel·le,
haja afalac, que del tot no em contraste.

Ajuda'm, Déu, que sens Tu no em puc moure,
perquè el meu cors és més que paralític!
Tant són en mi envellits los mals hàbits,
que la virtut al gustar m'és amarga.
Oh Déu, mercè! Revolta'm ma natura,
que mala és per la mia gran colpa;
e si per mort io puc rembre ma falta,
esta serà ma dolça penitença.

Io tem a Tu més que no et só amable,
e davant Tu confés la colpa aquesta;
torbada és la mia esperança,
e dintre mi sent terrible baralla.
Io veig a Tu just e misericorde;
veig ton voler qui sens mèrits gracia;
dónes e tols de grat lo do sens mèrits.
Qual és tan just, quant més io, que no tema?

Si Job lo just por de Déu l'opremia,
què faré io que dins les colpes nade?
Com pens d'infern que temps no s'hi esmenta,
lla és mostrat tot quant sentiments temen,
l'arma, qui és contemplar Déu eleta,
encontra Aquell, blasfemant, se rebel·la;
no és en hom de tan gran mal estima.
Doncs, ¿com està qui vers tal part camina?

Prec-te, Senyor, que la vida m'abreugues
ans que pejors casos a mi enseguesquen;
en dolor visc faent vida perversa,
e tem dellà la mort per tostemps llonga.
Doncs, mal deçà, e dellà mal sens terme.
Pren-me al punt que millor en mi trobes;
lo detardar no sé a què em servesca;
no té repòs lo qui té fer viatge.

Io em dolc perquè tant com vull no em puc dolre
de l'infinit damnatge, lo qual dubte;
e tal dolor no la recull natura,
ne es pot esmar, e menys sentir pot l'home.
E, doncs, açò sembla a mi flaca excusa,
com de mon dan, tant com és, no m'espante;
si el cel deman, no li dó basta estima;
fretura pas de por e d'esperança.

Per bé que Tu irascible t'amostres,
ço és defalt de nostra ignorança;
lo teu voler tostemps guarda clemença,
ton semblant mal és bé inestimable.
Perdona'm, Déu, si t'he donada colpa,
car io confés ésser aquell colpable;
ab ull de carn he fets los teus judicis:
vulles dar llum a la vista de l'arma!

Lo meu voler al teu és molt contrari,
e em só enemic pensant-me amic ésser.

Ajuda'm, Déu, puix me veus en tal pressa!
Io em desesper, si los mèrits meus guardes;
io m'enuig molt la vida com allongue,
e dubte molt que aquella fenesca;
en dolor visc, car mon desig no es ferma,
en ja en mi alterat és l'arbitre.

Tu est la fi on totes fins termenen,
e no és fi, si en Tu no termena;
Tu est lo bé on tot altre es mesura,
e no és bo qui a Tu, Déu, no sembla.
Al qui et complau, Tu, aquell, déu nomenes;
per Tu semblar, major grau d'home el muntes;
d'on és gran dret del qui plau al diable,
prenga lo nom d'aquell ab qui es conforma.

Alguna fi en aquest món se troba;
no és vera fi, puix que no fa l'hom fèlix:
és lo començ per on altra s'acaba,
segons lo cors que entendre pot un home.
Los filosofs qui aquella posaren
en si mateixs, són ésser vists discordes:
senyal és cert que en veritat no es funda;
per consegüent, a l'home no contenta.

Bona per si no fon la llei judaica
(en paradís per ella no s'entrava),
mas tant com fon començ d'aquesta nostra,
de què es pot dir d'aquestes dues una.
Així la fi de tot en tot humana
no da repòs a l'apetit o terme,
mas tampoc l'hom sens ella no ha l'altra:
sent Joan fon senyalant lo Messies.

No té repòs qui nulla altra fi guarda,
car en res àls lo voler no reposa;
ço sent cascú, e no hi cal subtilesa,
que fora Tu lo voler no s'atura.
Sí com los rius a la mar tots acorren,
així les fins totes en Tu se n'entren.
Puix te conec, esforça'm que jo t'ame.
Vença l'amor a la por que io et porte!

E si amor tanta com vull no m'entra,
creix-me la por, sí que, tement, no peque,

car no pecant, io perdré aquells hàbits
que són estats per què no t'am la causa.
Muiren aquells qui de Tu m'apartaren,
puix m'han mig mort e em tolen que no visca.
Oh senyor Déu! Fes que la vida em llargue,
puix me apar que envers Tu io m'acoste.

Qui em mostrarà davant Tu fer excusa,
quan hauré dar mon mal ordenat compte?
Tu m'has donat disposició recta,
e io he fet del regle falç molt corba.
Dreçar-la vull, mas he mester ta ajuda.
Ajuda'm, Déu, car ma força és flaca;
desig saber què de mi predestines:
a Tu és present i a mi causa venible.

No et prec que em dóns sanitat de persona
ne béns alguns de natura i fortuna,
mas solament que a Tu, Déu, sols ame,
car io só cert que el major bé s'hi causa.
Per conseqüent, delactació alta
io no la sent, per no dispost sentir-la;
mas per saber un home grosser jutja
que el major bé sus tots és delitable.

Qual serà el jorn que la mort io no tema?
E serà quan de ta amor jo m'inflame,
e no es pot fer sens menyspreu de la vida,
e que per Tu aquella io menyspree.
Lladoncs seran jus mi totes les coses
que de present me veig sobre los muscles;
lo qui no tem del fort lleó les ungles,
molt menys tembrà lo fibló de la vespa.

Prec-te, Senyor, que em faces insensible
e que en null temps alguns delits io senta,
no solament los lleigs qui et vénen contra,
mas tots aquells qui indiferents se troben.
Açò desig perquè sol en Tu pense
e pusca haver la via que en Tu es dreça;
fes-ho, Senyor, e si per temps me'n torne,
haja per cert trobar ta orella sorda.

Tol-me dolor com me veig perdre el segle,
car, mentre em dolc, tant com vull io no t'ame,
e vull-ho fer, mas l'hàbit me contrasta;

en temps passat me carreguí la colpa.
Tant te cost io com molts qui no et serviren,
e Tu els has fet no menys que io et demane;
per què, et suplic que dins lo cor Tu m'entres,
puix est entrat en pus abominable.

Catòlic só, mas la Fe no m'escalfa,
que la fredor lenta dels senys apague,
car io lleix ço que mos sentiments senten,
e paradís crec per fe i raó jutge.
Aquella part de l'esperit és prompta,
mas la dels senys rossegant-la m'acoste;
doncs tu, Senyor, al foc de fe m'acorre,
tant que la part que em porta fred abrase.

Tu creïst mé perquè l'ànima salve,
e pot-se fer de mi saps lo contrari.
Si és així, ¿per què, doncs, me creaves,
puix fon en Tu lo saber infal·lible?
Torn a no-res, io et suplic, lo meu ésser,
car més me val que tostemps l'escur càrcer;
io crec a Tu com volguist dir de Judes
que el fóra bo no fos nat al món home.

Per mi segur, havent rebut batisme,
no fos tornat als braços de la vida,
mas a la mort hagués retut lo deute,
e de present io no viuria en dubte!
Major dolor d'infern los hòmens senten
que los delits de paraís no jutgen;
lo mal sentit és d'aquell altre exemple,
e paradís sens lo sentir se jutja.

Dóna'm esforç que prenga de mi venja.
Io em trob ofès contra Tu ab gran colpa,
e, si no hi bast, Tu de ma carn te farta,
ab que no em tocs l'esperit, que a Tu sembla;
e sobretot ma fe que no vacil·le
e no tremol la mia esperança;
no em fallirà caritat, elles fermes,
e de la carn, si et suplic, no me n'oges.

Oh, quan serà que regaré les galtes
d'aigua de plor ab les llàgremes dolces!
Contricció és la font d'on emanen:
aquesta és clau que el cel tancat nos obre.

D'atricció parteixen les amargues,
perquè en temor més que en amor se funden;
mas, tals quals són, d'aquestes me abunda,
puix són camí e via per les altres.

Bernat Hug de Rocabertí
(c. 1423-c. 1490)

LA GLÒRIA D'AMOR
(fragment)

Coneixença ab gran ardor
dix: "Volta vers on és Amor
    segurament."
E, girat, fo'm decontinent
pres d'un jardí bell e lluent
    e clarejant,
denant lo qual io viu plorant
moltes dones, qui, sospirant,
    llençaven crits
de dol tan fort que els esperits
io presumí que departits
    fossen per mort,
maldient la llur cruel Sort
e Fortuna, qui en tal acord
    los féu passar.
Io, vent-les així congoixar,
molt prop vinguí, trist, d'espantar
    de llur turment,
e la causa de l'accident
plagué fort a mon Pensament
    que io sabés.
Coneixença, sens dir-li res,
vent que estava io tot reprès,
    dix sens cridar:
—"Citerea los fa passar
aquest turment, perquè en amar
    foren cruels.
Car la llei vol que ab lis infels
servada sia, com als fels,
    llur egualtat.
A Déu desplau la crueltat
més que no tot altre pecat
    que es pugue fer.

Los que tu veus, tot llur voler
és estat, no de satisfer
                llurs amadors,
ans, en paga de llurs amors,
lis donaren cruels dolors
                sens pietat,
e los serveis han oblidat
que llurs amants han practicat
                per llur amor.
Per ço ara lo déu d'Amor
los fa penar ab gran dolor
                e passió,
per què senten punició
de llur mala intenció
                en què han viscut."
Io responguí: —"Si Déus m'ajut,
llur dol m'ha tan fort combatut
                l'enteniment
que pas dolor de llur jovent,
que perderen tan follament
                sens ver delit,
e sobre el dan llur espirit
penar així lo jorn e nit
                me par molt fort."
Estant així, sentí Conhort
qui el fon vengut e, ab acord,
                viu-les callar.
E io comencí'm d'acostar,
e viu una d'elles parlar,
                dient així,
e fonc la Dama *Sans Merci*,
ab veu e gest de gran musarda:

"Si moi ou autre vos regarde,
les ulls son faits por regarder.
Je n'y pris point qu'autre me'n garde;
qui sense mal se'n deit garder."

Acabat ja son bell parler,
Paulina dreçà son voler,
e per cantar avant passà,
mes Emília lo hi vedà.

Vist llur debat, entram, callant,
en lo jardí ab Bell Semblant
                e Discret Seny.

Si com la mar, quan té un lleny,
e per vent fortunal l'estreny,
        tants són los crits
que no senten les mans e dits,
així me'n pren que els espirits
        tenguí tapats
dels sons e cants enfalagats.
Mas, quan ells foren retornats
        en llur esser,
io contemplí ab gran plaer
en coses tals que mon saber
        no basta en dir.

Sí com Sant Pau qui no poc dir
los grans secrets, no poc sentir,
        sent arrapat,
així me'n pres que fui torbat
d'amor, perdent la llibertat
        e tot l'entendre,
que bé no poguí tot compendre;
mas del que io poguí retendre,
        ho descriuré
per altre estil, com mills sabré.

Lleonard de Sors
(Barcelona, c. 1425-finals del s. XV)

"AH, VOLUNTAT, A CONSENTIR MOLT PRESTA..."

Ah, voluntat, a consentir molt presta
tot ço que Amor te fa massa abellir!
Ah, voluntat! ¿E per què et vols regir
per senyor tant qui no et fa colre festa,
mas, com esclaus dels menestrals reposen,
has a fer tu massa pus gran jornal?
E puix que veus de tot pler te deposen,
no vulles pus consentir en ton mal.

Io bé conec no seràs tan gosada
que sol un pas te regesques pel seny.
Io bé conec que, puix lo grat t'empeny,
no penses més en mostrar-te esforçada.
Erres granment en no voler mirar

un poc lo mal que has rebut molt sovent
per creure Amor, car sinó congoixar
no t'ha restat per ser obedient.

Bé tens esforç en dir "Així es farà",
com raó et diu: "No et deus enamorar."
Bé tens esforç en fer-la prest callar,
puix que no et plau aquell contrast que et fa.
Guardes molt poc los dans que a mi en segueixen,
solament dius entens més en bondat.
Mas les dolors qui el cors me destrueixen
no les veuràs fins m'hauran acabat.

Ma volentat grans delits persegueixen
per fer-li dir tota la veritat;
per ço mes carns tots jorns molt aflaqueixen
com en tal fet lo seny no és escoltat.

Perot Joan
(mitjan s. XV)

"PRINCIPI DE MALES FADES..."

Principi de males fades
me desperta el sentiment:
totes les penes passades
per causa del mal present
me són vui renovellades.
Si la fi segueix la via
de tants grans mals com me guia
lo començ de mala vida,
escriviu dolor complida
en la trista vida mia.

No ve sol jamés un mal
—e d'açò prenc gran espant—,
ni lo lloc més cominal,
per mostrar esforç bastant,
ha la pena desigual.
Oh, tu, Mort, qui per usança
mostres abans ta puixança
al content que al miserable:
no et dolgue ser variable
per traure'm de tribulança.

Molts han la mort per estranya,
per la natural terror,
mas el qui l'ha sa companya,
per fugir a més dolor,
me par que algun remei guanya.
No per mà desesperada
io desig que em fos donada
per no cobrar doble pena,
mas per tal part que em defena
de vida tan tribulada.

¿On són aquells amadors
congoixats en llibertat,
fingint viure dolorós,
perquè de més volentat
se done fent ses amors?
Vinguen tots, vinguen a mi,
e veuran que el pus mesquí
de tots quants han d'amor guerra
és qui en estranya terra
veu presos sos béns e si.

Absència és, naturalment,
contrària dels qui bé amen:
lo perill del mudament
és la causa d'on s'enflamen
del temorós pensament.
Doncs quant me dec plànyer io,
absent d'aquella, que só
pres en lo sòl d'una torre,
veent la Fortuna qui em corre
encontra tota raó.

Moltes causes tinc per què
més que tots sentir dolor:
sots esperança de bé
la Fortuna ab sa furor
me llança en mala mercè.
E Amor no em desempara
qui mil raons me declara
per menyscabar l'esperança
d'aquella qui, sens dubtança,
pus que la vida tinc cara.

Doncs, ¿qual és tan esforçat
contra dos tan grans poders

d'amor e cas fortunat
que ab negú seny defenés
res contra llur volentat?
No mi basta la ciència
sinó esforçant paciència
encontra mala ventura.
Aquell la venç qui la dura
per esforç o per prudència.

Temple de gran excel·lència
on la divinal essència
honra humana natura:
Vós me traeu, sancta i pura,
de tan cruel penitència.

Pere Martínez
(principis del s. XV-Mallorca, 1463)

OBRA DEVOTA DE LA CREU, FETA A REQUESTA DE LA SENYORA DE MOSSÈN BLANES

Oh banc segur en qui lo preu se paga
del crim d'Adam i del món pecador,
i pont de pal on lo gran Salvador,
penant lo cos, la deïtat amaga!
Armes reals e divinal bandera,
esforç dels trists e devot estendard,
feu mos desigs seguir aquella part
que fins a Déu demostra la carrera.

Host d'amargor i forn on se va coure
la carn del Just per amor immortal,
estret congreny on la part animal
del Rei dels reis morint se va recloure.
Oh, mirall clar on l'ànima devota
lo bell semblant remira netament,
hort de dolç fruit, on lo ver penident,
sec per pecats, dins poc espai rebrota!

Llit dolorós i cambra tribulada,
i dels perduts molt piadós retret,
amagatall on pot estar secret
lo qui per crims té l'arma condemnada.

Oh canyamel al devot qui et mastega,
i restaurant als trists desemparats,
port de salut on estan ormejats
los qui la mar d'extremes colpes nega!

Tàlem d'honor, de cristians gran temple,
cel·la plasent on se viu sens remor,
secret socors, esforç contra temor,
e als vivents molt singular exemple.
Arc gran i fort on lo bell cos s'estira,
premsa de vi on lo raïm se prem,
ormeig segur on s'aferra a l'extrem
lo qui negat per sos grans crims se mira.

Fust singular que dins en la piscina
fos u gran temps per los àngels servit,
al moviment de qui era guarit
lo prest banyat per voluntat divina.
Oh alt bastó on fonc la serp penjada
contra verí fent-la Moisès d'aram;
pa saborós que tol la set i fam
que dóna el món ab sa vida penada!

Segell gravat i tret en pura cera
ab mil turments d'aquell cos hencracon,
viva fornal on lo crim se refon
de l'hom primer que dins tal foc s'esmera.
Oh verga d'or en tots llocs florejada,
ab clara sang raent nostres defalts,
plena de flors e infinits esmalts,
pintats de nou per la sang escampada!

Oh net robí tret de la viva mena,
alt de color en fin or acunçat,
fort diamant que no fonc mai trencat
per durs martells, turments ne fera pena!
Joell molt ric, guarnit de pedreria,
que ton valer mil mons basta comprar;
vulles mos senys i desigs acampar
d'aquest perills temuts per senyoria.

Ira mortal mon viure ja menaça,
los mals sumant que fiu en joventut,
e ab dolor d'usar de rectitud,
lo públic oi un tal procés acaça.
A tu em coman e em do, vera balança

que més jaquir los crims vols que pesar:
en los treballs tu em vulles esforçar,
car en tu sols s'atura ma esperança.

Oh noble creu, en qui nostra creença
fa remuntar les nostres bones obres,
e anul·lant perdones les sotsobres
a l'estret pas mostrant-nos gran valença!
Bell tribunal i real consistori,
on Déu i hom ab infern batalla,
tant que morint los deutes cancel·la
dels qui juí temien peremptori.

A totes parts mires la gent perduda
per abraçar los qui t'imploraran,
cecs i contrets, i quants te clamaran,
sentran molt prest ton socors e ajuda.
Valent de cor, e viril capitana,
en los perills avantposant ton tembre,
puix te plagué mos grans delictes rembre,
no em desempars, car mon cor te demana.

Dona d'honor i per cert virtuosa,
a qui la gent lloa de pietat:
aquest escrit per vós he compilat,
suplicant-vos de mi siau curosa.
Car de mon fet la causa és molt clara,
i ço per què s'envela mon procés,
vostra bondat si no em farà defés,
degut comport ma vida desempara.

Al lloctinent, senyora, si declara
vostra virtut lo cas en què só mès,
io tinc esper que restaré il·lès,
puix vostre zel los fatigats empara.

Joan Berenguer de Masdovelles
(...1442-1476...)

DANSA

Pus per amar he de morir,
suplic a vós, ma bella aimia,

que em fesau tanta cortesia
d'ésser a mon trist sebollir.

Lo jorn que us viu, perdí poder,
força, seny, gin e ma ventura,
car nafràs-me ultra mesura
ab tal endret, que gens saber
valer no em poc, en me guarir
del colp que em donàs aquell dia
que fui per vostra senyoria
conqués pus fort que no sé dir.

A vós seguint he mon voler,
seguesc la mort crusel e dura
qui m'alciure, si, doncs, ab cura
vós no m'aidau, qui em feu valer
en tots bons fets, e més sentir
me feu dolor que no sentia,
e em trob altre que no solia
ans que per vós fes null sospir.

Mas si no dec de vós haver
àls que la mort, ab amor pura
vos prec que-z a ma sepultura
siats, car prou, a mon parer,
hauré de vós, qui fa florir
beutat més que dir no sabria,
que e'l món dona de tal valia
no sé ne pens, a mon albir.

Dona sens par: pus ab martir
fenesc mos jorns, e-z ab feonia,
l'arma us coman, car, si es perdia,
null bé us en poria venir.

Joan Fogassot
(Barcelona c. 1420-c. 1480) ·

ROMANÇ SOBRE LA DETENCIÓ DEL PRÍNCEP DE VIANA
(fragments)

Ab gemecs grans, plors e sospirs mortals,
sentí les gents dolre's per les carreres,

places, cantons, en diverses maneres,
los ulls prostrats, estant com bestials;
dones d'estat viu estar desfressades,
llagremejant e batent-se los pits;
los infants pocs criden a cruels crits,
veent estar llurs mares alterades.
"Oh trist de mi! Quin fet pot ser aquest?
De quan ençà està així Barcelona?",
l'arma ab lo cors de cascú se raona.
Acte semblant no crec mai sia llest;
car de llurs ulls diluvi gran despara
d'aigua tan fort, que per terra els decau.
"Ai, què és això, germans, dir-me vullau".
Tots estan muts, e miren-me en la cara.
Creix ma dolor per tal capteniment,
e de plorar los fiu prest companyia;
molt esforçats perden la homenia,
e cascú diu, gemegant e planyent:
*"O vos omnes, qui transitis per viam: attendite, et videte
si est dolor sicut dolor meus."*

Estant així, ab desig molt extrem
de ésser cert d'una feina així trista,
una galant, ab animosa vista,
lo pas cuitat per lo Born venir vem.
L'hàbit seu és una curta marlota
cosida mal, d'un negre drap e gros;
de bells cabells, per espatlles e cors
tots escampats, portava molt gran flota.
Del drap ja dit per son abillament,
sens null perfil, portava la gonella,
on brodat viu: "Lo món Fama m'apella",
de fil trenat ab lletres rudement.
Sonava fort una soberga trompa,
qui de molt lluny se podia escoltar,
pronunciant ço que ella deia clar,
cridant, plorant: "A part, a part la pompa,
poble devot, de gran fidelitat!
Pres és aquell qui feia per empresa
lebres humils, apartats d'altivesa,
ab lo sant mot qui tant és divulgat:
Qui se humiliat exaltabitur".

Oint això, perdí los sentiments
per més espai que dir un paternostre;
puis diguí: "Llas!, del príncep ho diu nostre,

tan desijat per infinides gents".
Aprés pensí que no era possible
semblant senyor ésser desllibertat.
Mas ésser ver per tots m'és afermat,
dient que molts n'han avís infal·lible
per alguns seus afectats curials
qui narren com en Lleida féu la presa
lo senyor rei ab furor molt encesa,
qui certament és informat de fals;
e que no té lo príncep esperança
sinó en Déu e lo gran Principat,
e en l'excel·lent Barcelona ciutat,
per fer tornar la tempesta bonança;
e que així ells, deserts e desviats,
van dispergits e cerquen medicina,
ans que lo cors l'arma lleixe, mesquina,
com a perduts e del tot desperats,
quoniam rellicto illo omnes fugierunt (...)

Ah, quin novell, a tots los servidors
fou lo donar d'així amarga llicència!
Pensau ab qual trist gest e continença
se parten d'ell los feels seguidors:
uns d'una part, altres d'altra, se'n tornen,
plorant, planyent llur príncep e senyor,
molt contristats, plens d'extrema dolor,
que sol un punt no folguen ne sojornen;
està pensant cascú incessantment
lo cas cruel, congoixós, molt horrible,
la gran furor vigorosa, terrible,
ab què era fet tal apresonament;
d'on ja tothom lleva balanç e suma
que el dit senyor és molt prop de la mort.
Defall lo seny, lo saber e conhort,
d'ira lo foc per totes parts tal fuma.
Mas no el lleixa en tots aquests afers
lo tan privat e volgut Vilarrasa,
qui per carrers, places, camins e casa
sempre el seguí, collint tot lo procés;
Ille autem sequebatur eum a longe! (...)

Dir só constret un tant extrem voler,
encès en tots habitants de la terra,
vers dit senyor, e no crec que me n'erra,
divinal do ésser molt vertader.
Los monestirs e les esgléies totes

fan professons molt bé devotament,
llagremejant, Déu preguen humilment
que les presons del príncep sien rotes.
Hòmens d'honor et tot lo popular,
dames galants e les altres comunes
(qui en aquest fet se mostren totes unes),
lleixen a part l'ufanós abillar:
"Cessen tots jocs! Cessen les alegries!
Cessen dansar! Cessen tots los delits!
De plants e plors tots siam molt fornits,
Déu suplicant, dient grans lletanies!"
Semblant tristor no es viu en nengun temps.
Encortinats veig estar los retaules.
Oh, mala sort, e quin joc nos entaules!
Tristor e dol han vui favor ensems.
Et ex illa hora tenebrae factae sunt super universam
terram (...)

Aprés que fou lo rei ab son estat
junt en la gran e forta Saragossa,
los catalans fan llur deguda cosa
per obtenir del príncep llibertat,
suplicant-ne la reial excel·lença,
com se pertany de bons e fels vassalls,
molt humilment, de paraules ab talls
apunctants bé, composts ab providença,
deduint-s'hi l'escampament de sang
gran e soberg, per la gent catalana,
seguint los reis per tanta part mundana,
fet, no dubtant morir ab cor molt franc.
Ouen reposts de l'alta senyoria
com lo seu fill és trobat en error
molt greu e fort, d'on mereix deshonor,
e que a mercè pendre ja no el poria.
Repliquen-li, suplicant virilment
per gran que fos la filial ofensa,
major és molt l'alta reial clemença;
de què us fas vot se diu palesament:
"In omnem terram exivit sonus eorum et in fines orbis terrae
verba eorum."

Pere Torroella
(principis del s. XV-c. 1495)

"NO SENT, NE VEIG, NE OIG, NE CONEC RES..."

No sent, ne veig, ne oig, ne conec res,
ans m'és semblant que en aquest món no sia;
voler fer juí ab la raó és demès,
que, com més pens, més mon seny se desvia.
O io no só, o no es pot fer que sia
res del passat semblant del que és present.
En so d'estrany mir tot quant fa la gent,
e mon semblant representa follia.

Per sentiment he perdut lo sentir,
que pler no em val ne em mou malenconia;
mes noves són variant de patir,
mostrant que fon d'aquest meu dan la guia.
Entre bo e mal mon juí res no destria,
sols me regesc per l'instint de natura.
Apoderat, de dolor perdí cura,
que mon semblant representa follia.

Sol bast sentir que he mon desig perdut,
per desijar lleixant la fantasia,
car acte tal em fa devenir mut,
mirant aquell al record que solia.
Llavors somniï despert, e que dormia;
ab dret sentir, plorant conec que só,
e, despertat, retorn sens passió,
e mon semblant representa follia.

Los ulls, lo cor, lo seny e lo voler
e el pensament que Amor dins ells nodria,
van esperduts, abstrets de llur poder,
seguint Amor, no sabent per qual via.
E, si per cas negú d'ells se canvia,
volent mostrar de mon estat la contra,
tots los restants ensems li vénen contra,
e mon semblant representa follia.

Bé de mos mals que per veure tenia
los béns que absent han mon seny desviat,
dels dans preniu, no de mi, pietat
pus mon semblant representa follia.

"DOLEU-VOS, ENAMORATS..."

Doleu-vos enamorats,
e vestiu-vos tots de negre,
car ja pens que us pendrà febre
escoltant mes veritats,
vistes, no ab ulls tancats,
mas ab clara experiència:
los del món pus aviltats
practicant vostra ciència.

Prenint hora descuidada,
no ha passat quinze jorns,
entrí, per passar raons,
en una casa estimada
de dones molt ben poblada,
tals que a molts fan perdre el seny.
Mes la via porta errada
qui navega ab un tal lleny.

Trobí, al primer devessall,
a man dreta de la porta,
una donzella mig morta,
d'espatlles sobre un costal,
i un rapaç per metge gual
usant una medecina
de què ella es clamava mal,
mostrant-se que era fadrina.

No curí, mas tot suau
—puix viu que metge tenia—,
prosseguint ma dreta via,
encontrí un jove esclau
treballant ficar un dau,
que era tot de dos e as,
en un tauler, de tal grau
que, sospirant, diguí: "Llas!"

Passí avant, meravellat,
e viu un villà modorro
en la mà tenint un porro
tal, que io en fui espantat.
Mes qui l'havia tastat
no en mostrà haver feresa,
ans mostrava que de grat
ne prenguera altra presa.

Així, seguint mes passades,
somrient-me de tal joc,
trobí un fals pedagog
ab les faldes ben trossades
qui dava espesses maçades,
treballant ficar un pal,
fent de si certes passades
en so d'hom qui pica sal.

Tirí los ulls al travers,
per causa de olor d'ambre,
e mirí dins una cambra.
Recorda'm veure un convers,
d'aquells qui diuen joiers,
portant perles ab anells,
el qual una d'elles pres,
segons mostra el joc entre ells.

Senyant-me d'açò que via,
viu estar un capellà
ab salpasser en la mà
sobre un cos que absolia.
"A porta inferi" —deïa—
era forçat que el metés,
e per complir-ho faria
d'aquells qui forcen volers.

En una altra cambra entrí
no pensant ja veure pus,
e viu star —no pas dejús—
un mercader florentí
ab peça de carmesí
—qui pens fou del joc tercera—
dient que per *"far così"*
dara quant haver poguera.

Tirí'm sens un mot parlar,
als enamorats pensant
qui fan festa desitjant
los béns que viu maltractar.
Mas puis vinguí a pensar
que dons ab avinentesa
basten més dones cobrar
que virtuts, amor ne aptesa.

Sia, doncs, bé avisat
qui té o vol tenir casa:

no hi pratic corona rasa,
pedagog, ni retallat,
mercader, ni hom orat,
mosso gran, ni jove esclau.
E hauré-us io consellat,
puix que n'he vista la prova.

Recordant aquestes coses,
mos dits no tingau en vil,
que aquests qui fan lo gentil,
tots se contenten de roses:
lleixen lo text per les gloses,
oblidant lo que és degut,
e fan abans mil gelosos
que no faran un cornut.

Si degú dels temorosos
ha aquest meu assot retut,
en so d'hom que menja aloses
mostre que es val de l'escut.

Anònim
(a. 1429)

"NO PUC DORMIR SOLETA, NO..."

No puc dormir soleta, no.
          ¿Què em faré, llassa,
          si no mi's passa?
Tant mi turmenta l'amor!

Ai, amic, mon dolç amic!
Somiat vos he esta nit.
          ¿Què em faré, llassa?

Somiat vos he esta nit
que us tenia en mon llit.
          ¿Què em faré, llassa?

Ai, amat, mon dolç amat!
Anit vos he somiat.
          ¿Què em faré, llassa?

Anit vos he somiat
que us tenia en mon braç.
    ¿Què em faré, llassa?

Anònim
(s. xv)

"UNA SENYORA QUE ACÍ HA..."

Una senyora que ací ha,
io l'hauré o em costarà.

Una senyora del cors gentil,
una senyora del cors gentil,
sens pietat morir me fa.
Io l'hauré o em costarà.

Una senyora del cors galant,
una senyora del cors galant,
sens pietat penar me fa.
Io l'hauré o em costarà.

Anònim
(finals s. xv)

"OH, OH, OH, GRAN MERAVELLA!..."

Oh, oh, oh, gran meravella!

Gran meravella esta nit:
que una verge n'ha parit,
és-ne romasa poncella.

Gran meravella de Josep:
si bé porta tan gran gep,
bé juga a la escampella.

Gran meravella, verament:
que les neules e el piment
m'han fet jugar la gonella.

Ara, senyors, escoltats,
prec-vos no us adormiats,
e dir-vos n'he una fort bella:

botifarres, companyons,
e lletades e ronyons
bé fan cantar la paiella.

Joan Escrivà
(segona meitat del s. XV-primera meitat del s. XVI).

COBLES DE LES CATERINES
(fragment)

Les Caterines
semblen regines;
donques veurem
quines cobles ne farem.
Tala la volem.

Les que he trobades
són oblidades,
per què, cercades,
d'altres ne farem.
Tala la volem.

Io n'am a una
més que neguna
e vol Fortuna
treball passem.
Tala la volem.

És cara cosa,
gentil com rosa,
mes no reposa
lo mal que pren.
Tala la volem.

És molt cortesa,
de gran noblesa.
D'amor encesa,
¿com la veurem?
Tala la volem.

Cara de santa
de virtut tanta,
no pusc dir quanta
ni la comprèn.
Tala la volem.

88

És desembolta,
muda la volta,
mes de revolta
bé jugarem.
Tala la volem.

És molt galana
e més loçana;
si no m'engana
enganar l'hem.
Tala la volem.

Fa'm esperar,
no em vol parlar,
mes oblidar
jamés porem.
Tala la volem.

Cert, molt me fuig.
Tinc-ne enuig.
Mes perquè [...]
amestrar l'hem.
Tala la volem.

Si el vent se muda
la mia ajuda
serà crescuda:
tantost l'haurem.
Tala la volem.

Bernat Fenollar
(c. 1440-València, 1516)

Joan Moreno
(València? primer quart del s. xv-finals del s. xv)

LO PROCÉS DE LES OLIVES
(fragment)

BERNAT FENOLLAR:

De vós i de mi, lo temps assegura
a l'home celós de mal sospitar:

car tot nostre fet està en parlar,
cercant lo descans d'enuig e tristura.
Per què vull saber, menjant vós olives,
lo com de aquelles traeu lo pinyol,
ni com, de la closca, lo txic caragol;
que fer io no ho puc sens dents ab genives.

JOAN MORENO:

D'olives lo past és fina pastura;
molt més que lo sucre se pot desijar;
io no só en temps de renunciar,
car fort en mi sent rebrotar natura,
e tinc gran desig de dolces olives
que, ab gran sabor, llançàs lo pinyol,
menjant per lo gust d'un bell caragol
que tinc molt guardat per fregar genives.

Rèplica

Puix tan bé glosau la mia textura,
i ab seny equívoc voleu postillar,
io em dubte que el brot que us veu rebrotar
retinga virtut, ni menys la verdura;
i ab tan flac rotllo, de tan forts olives,
no crec que mai oli tragau del pinyol;
si banya no trau vostre caragol,
doncs, ¿com poreu mai fregar-ne genives?

Resposta

Io no em meravell de vostra pintura,
ni de la tenor de vostre cantar,
que vós me vullau com a vós jutjar:
segons vostre text vós feu la lectura.
Si vós no podeu menjar les olives,
io tinc fermes dents per traure el pinyol,
i, treta la banya, lo viu caragol
fa créixer saliva per boca i genives.

Rèplica

Fengir de potència edat tan madura,
aquesta raó no vull decretar;
consell tan lloat no es deu oblidar:
Cognosce te ipsum, car és gran cordura.
I així jutjareu ab tendres olives
lo quant poc campeja lo corcat pinyol,
i el calapatenc, mústiu caragol,
si pot fer bocí que uomple genives.

Resposta

Segons nostra fe i per conjectura,
resurrecció no es deu gens dubtar:
demostren virtut de ressuscitar
la vista i lo toc de bella figura.
Tal proprietat tenen les olives:
que fan gros bocí d'esmortit pinyol,
i alçar lo cap al fluix caragol,
cercant aquell lloc on són les genives.

Rèplica

Alçar pot lo cap, mas no serà dura
la carn de aquell per abarrinar
l'esmortit pinyol; pot vida cobrar,
mas força no pas d'obrir tancadura.
Deixau, doncs, als jóvens aqueixes olives,
i vós, com a vell, salvau lo pinyol;
reclam és de guatlles vostre caragol,
tan fluix com dieu per rompre genives.

Resposta

D'aquestes olives feta feixadura,
gens vós no dubteu que fa revivar:
que ab medicina així singular,
lo vell bé porà llimar la clausura.
Vós feu mal juí contra les olives,
de l'arbre d'amor bell fruit sens pinyol,
car fan escalfar lo fred caragol
i entrar sens empatx de dures genives.

Rèplica

Del llibre d'amor és llei i escriptura
que, tan tost que l'hom se coneix passar
lo punt i lo terme del seixantenar,
se deixe d'amors, ni en prenga procura.
Inhàbil és fet per a tals olives,
ni per a mai traure d'aquelles pinyol,
la vella virtut de tal caragol,
e, doncs, avorrir deuen tals genives.

Resposta

Aquell gran esplet que molts desnatura
en la joventut, per molt praticar,
a la velledat no deixa plegar
virtut natural, mas fa que poc dura;
doncs, si em só guardat per a tals olives,
sembrant sens excés llavor del pinyol,
miracle no és al vell caragol
restar-li virtut d'entrar per genives.

Rèplica

Tendran les olives prou gran desventura,
que vostre apetit hagen a esperar;
e si en jovent volgués dejunar,
en la velledat ¿sentreu-ne fretura?
No es poden salvar tan fines olives,
ab suc ja florit, de ranciu pinyol;
defall per poc ús cascun caragol,
tan prest com per massa emprar les genives.

Resposta

Enveja mostrau de ma gran ventura,
que els béns de amor me hagen a dar;
io no só com vós, que no pot portar,
vostra ànima, cos feixuc de vellura.
No us prenga desig de les tals olives
ni en cobdicieu molla ni pinyol,
que en vós no hi viuria lo mort caragol,
en cas que us prestassen la boca i genives.

Rèplica

Si el meu cos se nega, lo vostre no sura:
que vells som los dos, e no es pot negar;
doncs ¿com la ventura vos puc envejar
que us vinga tan prop de la sepultura?
Cert, io no desige com vós les olives,
ni puc en aquelles plantar lo pinyol;
puix vós no podeu alçar caragol,
donau peix seget a vostres genives.

Resposta

Vós tot sou vestit de tal vestidura
qual vós la volríeu en mi abrigar:
açò és manifest a qui ho vol mirar,
(no us vull dir injúria) que em par oradura.
I voleu fengir no menjar olives
per por de infàmia i del seu pinyol;
hipòcrit si sou en lo caragol,
io gens no ho puc ser ab dents i genives.

Rèplica

Atorgue-us que sent dels vells la pressura,
i dolc-me de vós que no em façau par;
hipòcrit mai fui, mas vull-me arreglar
segons la edat dispon i mesura.
Menjau-les madures almenys, les olives,
que prest separades seran del pinyol;
deixau ja les verdes, que el flac caragol
jamés romprà el cuiro de fermes genives.

Resposta

En l'enteniment teniu gran foscura,
perquè vos pensau que el vell paladar
la tendra perdiu no deja tastar,
ni del verd agràs menjar de l'agrura.
Io estic desmenjat: madures olives
no em donen sabor tant com un pinyol;
si vull alegrar lo trist caragol,
açò no puc fer sens tendres genives.

93

Rèplica

Del que us he io dit la judicatura
remet a raó si ho deveu servar:
les dones huí amen ab cor tan avar,
que fan més al doble pagar la costura;
majorment als vells; les tendres olives,
que en traen diners, lo suc i el pinyol,
als jóvens rescaten ab dur caragol;
pensau què faran a vostres genives!

Resposta

Així com per tast, o per desmesura,
o experiment de sabor mudar,
la cendra i la terra i el carbó menjar,
he vist que en les dones algunes atura:
raó és major les verdes olives
desijar, de vell, lo fruit o pinyol;
més val que carbó lo dolç caragol
d'aquell vell qui sap cercar les genives.

Rèplica

Puix és doncs prudència ab tempre i mesura
en son cas i lloc lo riure i burlar,
i gran cortesia voler-se'n deixar,
deixem lo deport, no ens porte fartura;
ab pacte, però, que d'estes olives
perdau lo record i el gust del pinyol,
tenint arregnat vostre caragol,
i de la virtut cerqueu les genives.

Ab molt ferma fe crec io tals olives,
grossals i tan belles, no els manca pinyol;
deixau-les menjar a aquell caragol,
que és propi lo past de semblants genives.

Resposta

Si us he fet contrast ab diligent cura,
per un bell donaire ho podeu passar,
car lo pensament tinc lluny de amar

a dones que porten l'amor tan escura.
Açò he fengit per menjar olives
ab vós en est plat, puix no han pinyol;
les amors que tinc per un caragol
só prest de donar, ni vull ses genives.

Honest confessor: les vostres olives
són morals virtuts que llancen pinyol
de ànima i cors, i del caragol,
eixint belles flors de vostres genives.

MOSSÈN FENOLLAR A LA SENYORA OLIVES

Ensems vos puc dir, senyora Olives,
que mai vos he vist e sé bé qui sou,
puix l'aigua tan dolça de vostre bell pou
les velles carns mortes fa jóvens i vives;
doncs vostres olives, puix són de tal llista
que grans excel·lències reporten ab si,
lo nom i los fets se lliguen així:
que tant vos conec com si us hagués vista.

Jaume Gassull
(València c. 1450-1515)

LO SOMNI DE JOAN JOAN
(fragment)

I, aprés dinar, segons que s'acostuma
entre elles fer de vesites esmena,
io viu venir de dones tran gran suma,
que no es pot fer nengú pense i presuma
en quant poc temps ne fon la cambra plena.
   I totes, fent la Magdalena,
      sense desorde,
   segons entraven per son orde,
      d'una en una,
   ab la raó que és molt comuna
      del "Bon pro us faça!",
   sens llargues noves feien jaça

ab la partera.
E si alguna molt parlera
   se detenia
per allargar sa cortesia
   i sa raó,
puix acabava son sermó,
   tantost se seia.
I puix que fon plena l'esgleia,
   lo sermonar
sentí entre elles molt cuitar
   ans de l'oferta;
puix sabeu quant és cosa certa,
   elles ab elles
(i més si són totes femelles)
   tantost hi són,
volent parlar de tot lo món,
   en tot se meten;
i si callau vos acometen
   per traure noves;
i tostemps fan contres i proves
   sobre tot hom:
—"I, vós, què feu? I, l'altre, com
   se troba huí?"
I dir los mals de son veí,
   de sa veïna.
I ara, parlant de medicina,
   donen remeis;
i, al·legant los furs i lleis,
   en tot se posen;
i en tota res dien i glosen
   lo parer seu.
Parlar del cel les oïreu,
   i de la terra;
ara de pau, adés de guerra,
   i de l'infern,
i de l'estiu, i de l'hivern.
   I, sens afany,
vos contaran tot quant en l'any
   han començat,
teixit, i ordit, i acabat;
   tot, fil per randa,
vos ho diran, sens donar tanda
   per a respondre.
I, baix parlant, sentiu compondre
   tantes cosetes,
que par que sien oronetes

dins en lo niu,
que si els sou prop, sols lo "xiu xiu"
basta aixordar-vos;
i si voleu aparellar-vos
ab ploma i tinta,
vereu entre elles com s'hi pinta,
i com s'hi juga
d'un joc que es diu "a la feixuga",
i com repiquen,
i unes ab altres com se piquen
del joc, baixet,
parlant cobert i molt secret,
elles ab elles.
Io, aguaitant i oint los vols d'aquelles,
tan gran plaer prenia de mirar-les,
que desigí que els meus cabells i celles
fossen tornats en aquell punt orelles,
perquè pogués més atent escoltar-les.
I, estant així, vent que el joc s'escalfava,
creure podeu que en tal cas no dormia,
ans fon descans que molt me descansava;
puix, tant com més la brega es remesclava,
tant io millor majors pedres collia.
Entre les quals una hi havia
que enterrogà
totes les altres, de mà en mà,
d'una en una;
mas, a la fi, puix per cascuna
li fon respost,
voltant lo cors girà's tantost
ab gest sobtat,
dient a la del seu costat
que prop tenia:
—"I com està sa senyoria?",
"I sa mercè?"
(Que és un parlar, aquest, que ve
d'alta Alemanya,
que, per venir de terra estranya
i ésser tal,
se'n fa entre elles gran cabal
al temps de huí,
dient a vós lo que de mi
sembla que diguen;
que encara que parlant deslliguen
lo que dir volen,
elles ab elles se n'absolen);

i, així parlant,
li tornà dir, prest replicant:
   —"¿Quan vos veuré
estar al llit del mal que té
   vostra cosina?"
—"Si m'hi sabeu vós medicina.
   dir-la'm podeu
—respongué l'altra—; e si ho feu,
   tendré-us per mestra,
puix io fins ara en só maldestra,
   puix no ho he fet."
—"Deveu tenir roín lluquet,
   que en vós la esca
bona la veig, gentil e fresca;
   mas això ho fa...
I, escoltau, feu-vos ençà,
   digau lo ver:
ha-us acertat, o fet coster,
   vostre marit?
Si envidau, té-us mai l'envit?
   Io crec que no.
Digau-m'ho, doncs; dir-vos he io
   també del meu.
Puix sospirant me responeu,
   mal guany hi ha.
Del meu vos dic que tostemps fa
   grans bancalades;
dos mesos ha que estic debades,
   que del meu hort
tinc ja mig sec lo morritort
   i el julivert:
tot està erm i tot se perd:
   tan tard hi plou!"
—"Prou mal son grat, senyora, es mou
   lo meu també
—respongué l'altra—; i, per ma fe,
   ell deixaria
tots quant envits io fer poria,
   abans de llanç;
que io hi conec gran desavanç
   d'un temps ençà."
I altre parell, de part de lla,
   que prop mi estaven,
molt baix entre elles raonaven,
   dient així:
—"Aquelles dos, de vós i mi,

        parlen ausades;
que io ho conec en les mirades
        que els he vist fer;
mas també es tenen bon terrer.
        I sabeu com
li havem mès nosaltres nom,
        per ésser tal?
Na Llepafils de Sandoval,
        que és mala carn.
De tot lo món se trau escarn,
        que fastig és."
Saltà una altra al través
        ab tal raó:
—"Ahir oí io lo sermó
        de la Croada;
ja la tenim altra vegada
        per dos reals.
Quin temps tenim per ésser mals,
        si ho volem ser!
Lo temps de sent Vincent Ferrer
        par que s'acosta.
I açò que es diu que hi ha en la costa
        tantes galeres!"
Respòs una altra: —"Va de veres,
        o és falsia?"
—"Senyora, ver crec io que sia,
        segons han dit
huí los jurats, que mon marit
        fon a la Sala
i els encontrà, pujant l'escala,
        que davallaven" (...)

Joan Roís de Corella
(València c. 1433/1443-1497)

LA BALADA DE LA GARSA I L'ESMERLA

    Ab los peus verds, los ulls e celles negres,
    pennatge blanc, he vista una garsa,
    sola, sens par, de les altres esparsa,
    que del mirar mos ulls resten alegres.
    I, al seu costat, estava una esmerla,
    ab un tal gest, les plomes i lo llustre,

que no és al món poeta tan il·lustre
que pogués dir les llaors de tal perla.
I ab dolça veu, per art ben acordada,
cant e tenor, cantaven tal balada:

Del mal que pas no puc guarir
  si no em mirau
ab los ulls tals, que puga dir
  que ja no us plau
que io per vós haja morir.

Si muir per vós, llavors creureu
  l'amor que us port,
e no es pot fer que no ploreu
  la trista mort
d'aquell que ara no voleu.

Que el mal que pas no em pot jaquir,
  si no girau
los vostres ulls, que em vullen dir
  que ja no us plau
que io per vós haja morir.

A CALDESA

Si el ferro cald refreda la mà casta,
calfar l'heu vós, encara que fred sia;
si tot lo foc en lo món se perdia,
pendrien-ne de vós, que en sou molt basta;
si en algun temps cremant la terra es gasta,
no perreu vós, vivint com salamandra,
ni perdreu l'ús de bona haca d'Irlanda
perquè us deixeu de vostra gentil casta.

Casta serà la vostra, no poc bella,
sens que jamés serà orfa de pares;
no crec lo món vos baste a compares
si gens pariu; segons vostra querella,
en dubte estic que fósseu mai donzella;
dot sens escreix demana la llei vostra,
e tot lo món de vostre cos té mostra:
fels e infels, e los de la Llei vella.

En flames grans fón verd la gavarrera,
e vós, sens foc, teniu calor que us crema;
pendran gran llum, si s'acosten ab tema
de batre en vós com en la pedrenyera;
per vós se dix la dona baratera,
que portau foc davall les vostres faldes,
del qual tothom, puix no el tancau ab baldes,
pendre'n porà com d'una gran foguera.

Calda cremant, més que el foc en l'esfera,
per a dir "no" feu-vos serrar les dents,
que no es pot dir algú dels requirents
en negun temps oís de vós espera.

LA SEPULTURA

En lletres d'or, tendreu en lo sepulcre
la mia mort per excel·lent triümfo,
on clar veuran m'haveu llançat del segle,
ab honestat matant ma vida morta.
E io, esculpit als vostres peus en marbre,
agenollat, mostraré gest tan simple,
que tots diran, ab los ulls corrents aigua:
"¡Cruel virtut, que no la pogué vençre
gest tan humil d'aquest, qui fon un fènix
en vera amor, més amant que tot altre!"

Estareu vós d'alabaust en figura,
treta del viu; imatge de Elena,
en lo quart dit tenint un esmaragde,
i en l'altra mà un ram de agnus castus,
sobre lo qual planyerà una tortra;
e dirà el mot, escrit sobre verds lliris:
"Si per algú virtut se degués perdre,
sol per a vós io la volguera rompre;
però lo mal no es deu jamés concebre
per esperar algun bé en puga nàixer."

Si no poguí restaurar-vos lo viure
sol per temor de honestat ofendre,
no us vull negar com aprenguí de doldre:
a Déu pregant guardàs del fondo càrçre
vostre esperit, que al meu era conforme.
Mudarà el gest la mia forma en pedra,

quan llegiran aquest mot en la tomba:
"Pensant per mi, haveu après de plànyer".
E no em doldrà la mia vida trista,
que sol per vós la poguí bé despendre.

"MOURÀ'S CORRENT LA TRAMUNTANA FERMA..."

Mourà's corrent la tramuntana ferma
e tots ensems los cels cauran en trossos,
tornarà fred lo foc alt en l'espera
i, en lo més fons, del món veuran lo centre,
tinta de sang se mostrarà la lluna
e, tot escur, lo sol perdrà la forma,
ans que jamés de mi siau servida.   ·
E lo meu cos, del prim cabell fins l'ungla,
mirant-ho vós, sia partit en peces
e, tornat pols, no prenga sepultura,
ni reba el món tan celerada cendra;
ni es puga fer algú gire la llengua
a dir: "Bon pos" a l'ànima maleita,
si Déu permet mos ulls vos puguen veure.
E si és ver vos diguí mai senyora,
no es trobe en l'any lo jorn de ma naixença,
mas lo meu nom, a tots abominable,
no sia al món persona que l'esmente,
ans del tot ras, de les penses humanes,
sia passat, com un vent, lo meu ésser.
Tinguen per fals lo que fon de mon viure
e res de mi en lo món no hi romangue,
e si per cas del meu cos gens ne resta,
sia menjar als animals salvatges.
Prenga'n cascú la part d'una centilla
perquè en tants llocs sia lo meu sepulcre;
que el món finit no es trobe la carn mia,
ni es puga fer que mai io ressuscite.

ORACIÓ A LA VERGE MARIA

Ab plor tan gran que nostres pits abeura,
e greu dolor que nostre cor esquinça,
venim a Vós, Filla de Déu e Mare;
que nostra carn dels ossos se arranca

i l'esperit desija l'ésser perdre,
pensant que, mort per nostres greus delictes,
ver Déu e hom, lo Fill de Déu e vostre
jau tot estès en vostres castes faldes.

Ab fonts de sang regà lo verge estrado
on, xic infant, lo bolcàs ab rialles,
i els vostres ulls estil·len tan gran aigua,
que pot llavar les sues cruels nafres,
fent ab la sang un engüent e col·liri
d'infinit preu, per llevar-nos les taques
que el primer hom, com a vassall rebel·le,
nos ha causat, ensems ab nostra culpa.

Lo vostre cor, partit ab fort escarpre,
de gran dolor nos mostra tan gran plànyer
que els serafins, ensems ab tots los àngels,
mirant a Vós planyent, aprenen dolre.
Plany-se lo món, cobert d'aspre celici,
crida lo sol, plorant ab cabells negres,
e tots los cels, vestits de negra sarga,
porten acords al plant de vostra llengua:

"Oh, Fill tot meu!, oïu a mi que us parle,
que en lo dur pal haveu oït lo lladre.
Puix no voleu que de present io muira,
estiga ab Vós tancada en lo sepulcre.
Io us acollí en lo meu verge ventre:
ara Vós, Fill, rebeu-me dins la tomba.
Que no es pot fer entre els vius io converse,
puix que, Vós mort, és ja ma vida morta.

En major lloc no penseu io m'estenga
del que Vós, fill, pendreu dins en la pedra.
¡Giten a mi primera en la fossa,
que no us és nou dormir en los meus braços!
Cobrir-vos ha lo mantell que a mi cobre,
e, si no us par vos baste tal mortalla,
la mia carn que viu haveu vestida,
no us sia greu que, mort, encara us cobra."

Mare de Déu, humil tostemps e verge,
llum d'aquest món, del cel lluent carboncle,
mirra portam de nostra vida amarga,
dolent-nos fort com havem fet ofensa
al vostre Fill, Déu e senyor benigne;

encens tenim que nostre cor perfuma:
que som contents se faça sacrefici
de nostra carn, si el vostre Fill ho mana.

E no gosam les nostres mans estendre
per a untar de vostre Fill insigne
lo cos sagrat, mas preneu aquest bàlsem:
que, sens temor, nostra llengua el confessa
redemptor Déu, a Déu plaent oferta,
qui, al terç jorn, traent del fondo carçre
los sants catius, lo veureu dins la cambra
més clarejant que el sol alt en lo cercle.

III. DEL RENAIXEMENT AL NEOCLASSICISME
(1500-1833)

Andreu Martí Pineda
(València? finals del s. XV-d. 1566)

CONSELLS A UN CASAT.
(fragments)

Puix dins nostra confraria
sou entrat, i en tan alt lloc,
desvetllau-vos nit i dia
en servir la companyia,
que si ho feu no fareu poc.
I puix vos sobren virtuts
ab saber i sapiència,
despediu les joventuts
i ab los pròmens més sabuts
conversau vostra prudència (...)

Donau-li molta raó,
fent-li el joc de "passa passa',
quant del pa, quant del bastó,
ab mesura i ab saó,
perquè no se'n prenga massa.
Bé sé io que és molt perfeta,
plena de seny i saber,
emperò la més discreta
creu tirar certera i dreta
quan menys dóna en lo terrer.

Digau que voleu servir-la,
no fent mai lo que voldrà,

i ab un mostrar obeir-la,
no us espante el detenir-la
passant-la de hui en demà.
Si crida, vostre respondre
sien rialles molt fines,
que el seu parlar i compondre
és enans i aprés del pondre
segons costum de gallines (...)

Quan veureu moltes carícies
mirareu per vós mateix,
perquè són, semblants bullícies,
totes plenes de malícies
per a qui no les coneix.
Donen-vos mil abraçades,
mostren-se d'amor vençudes
quan estan més rebotades,
de forma que tals besades
són semblants a les de Judes.

Vaja al bany poquetes voltes
ab gent neta de margall,
perquè si les deixam soltes
fan molt brutes carnestoltes
i sovint tiren al gall.
Siau-li vós banyadora,
i ella vostre banyador,
i en los pèls de tal penyora
no hi vullau altra tisora
sinó el vostre bell raor (...)

De ninguna gent fieu
en vostre sant matrimoni;
recelau, mas no ho mostreu,
perquè les que són de Déu
se donen prest al dimoni.
En les bodes i esposalles
estiga-hi poquet, i ab vós;
i en veure encendre les falles
dels jocs, danses i rialles,
tornau a casa los dos.

Vagen als sermons i oficis
molt honestes i tapades,
perquè en semblants sacrificis
no s'hi volen exercicis

de manilles i arracades.
Dia i nit de Sant Joan,
prenga el ros en vostres braços,
puix moltes de les que hi van
fan tals coses que desfan
d'honestat los nus i llaços (...)

Ab les festes del porrat
feu que tinga pau i treva,
perquè en tals jorns la bondat
ab plomes de llibertat
de tot bon desig caplleva.
Faça's de clotxetes belles
en los pits closa muralla,
puix lo mostrar les mamelles
nos mostra les meravelles
del regne de Cornualla (...)

Justes, bous i jocs de canyes,
mirau-les del terrat vostre,
perquè los pessics i manyes
en tals llocs fan mil buanyes
que no hi val lo guardar vostre.
No veja, ni mai la vegen,
l'Albufera i lo Grau,
puix les que més hi trastegen
vergonya i virtut bandegen
i lo vici sols les plau (...)

Baste, baste, senyor, prou
lo que us dic perquè us contente,
puix sou vós bell rovell d'ou
en saber tot quant conclou
esta broma que us presente.
I si vós, de tals preceptes,
no en teniu necessitat,
sien-vos, senyor, acceptes,
puix que són fines receptes
contra els mals del malcasat.

Joan Ferrandis d'Herèdia
(València, c. 1480/1485-1549)

"AMOR NO ES POT CLAMAR DE MI EN RES..."

Amor no es pot clamar de mi en res,
que no haja fet en mi quant ha pogut,
en fer-me torts per on só conegut
per ell qui só, com ell per mi qui és.
Io comportant i ell fent, puix he fet més,
guanye l'honor que ell per mi ha perdut,
i així es veurà l'estat d'on és caigut
i on só assumpt sofrint sos desplaers.
Bé crec que Amor, si en lo compte caiguera
de bé tan gran, que nunca mal me fera.

Ia fui tan molt, com ara só no-res,
i si res só, no allò que ser solia,
en mi, que pot ser res, que ja res sia,
si per qui fui no só, puix ja no és.
Oh cru remei! Mas tan sens ell estic,
que vull la mort, volgués-me ella almenys,
puix fent lo més, matant-me féu lo menys.
Mas no ho farà, que em té per enemic.
Més ho só io mon enemic mortal,
que vull lo bé de qui m'ha fet lo mal.

Ab tanta por me té lo mal present,
que del passat ja casi no em record,
on sent si en mi tot sentiment és mort,
sinó el voler sentir més lo que sent.
¿De qui tinc por ni quin perill m'espanta?
¿Què em poden fer que en mi ja fet no sia?
Sens cultivar est tros de terra mia,
n'ha tret Amor l'esplet i res no hi planta.
I així ho cull trist, fadat de males fades,
com de noguer lo fruit a bastonades.

"PUIX QUE NO EM VOLEU AMAR...."

Puix que no em voleu amar,
          no me n'he cura,
que a mi no em fallirà
          bona ventura.

Ia per a ser que em vullau,
he fet tot lo que he pogut
i veig que menys só volgut,
que en mil coses ho mostrau.
I és la pena que em donau
tal, que comportar-la ja
        és oradura,
que a mi no em fallirà
        bona ventura.

Valeri Fuster
(...València 1556...)

LA CRIC-CRAC

La cric-crac,
la cric-quera.

En aquell gran temps passat,
quan io, trist, jovenet era,
de fet me posí a servir
una molt gentil donzella,
    la cric crac.

I per ser tan imprudent
tots me deien taravella,
mas io, foll perdut d'amor,
de totes coses me reia,
    la cric crac.

Féra'm un saio papal
i unes calces ab braguella;
posí'm un gonet vermell
i al coll una gran esquella,
    la cric crac.

Un gipó, repunt faldat,
i una gran capa ab trepella,
escarpins emblanquinats
i un barret de gironella,
    la cric crac.

Fiu-li aprés, per 'namorar-la,
una dolça musiquella

de trompins i cornicorns
i rabevets de Godella,
        la cric crac.

I flautes i tamborets
i veus de gran meravella.
La traidora, que açò véu,
tost i prest fon en piquella,
        la cric crac.

Io, que la viu enclavada,
diguí-li: —"Mate't febrella."
Ella, no curant de més
cantà'm tal cançó novella,
        la cric crac.

—"Janot, si et voldràs casar,
no em deixes, puix só tan bella."
Io diguí: —"Per cert que em plau
de ser-te espòs, Martinella,
        la cric crac.

"Però cert que tinc gran por
d'entrar dins de Cornuella."
Ella tost me respongué:
—"Molts honrats honren aquella,
        la cric crac.

"I vós, Janot, que l'honràsseu,
no us seria perduella."
Io diguí: "Faça's, sus, doncs!,
que trumfe la caramella."
        *La cric crac,
        la cric-quera.*

Pere Serafí
(¿a Grècia c. 1505?-Barcelona, 1567)

"DAMA GALANT, D'ALTA I MOLT GRAN NOBLESA..."

Dama galant, d'alta i molt gran noblesa,
On la virtut se troba aposentada,

No sé més dir sinó que us ha formada
Aquell que té los cels ab fortalesa.

Mirant de vós la gràcia i gentilesa,
Al grau suprem sou de virtuts dotada,
Robí perfet, gran joia comparada,
I diamant de joies la riquesa.

Anau seguint la generosa fama
De les gentils, única i sola guia
En tot lo curs de virtuosa vida.

Creença tinc que tan graciosa dama,
Avent ben vist lo que tant mereixia,
Res faltarà del que sa fama crida:

Dama del tot complida,
Onra que naix de l'arbre de Cardona,
No tenint par, no podeu ser segona,
Ans bella fora mida.

"SI EM LLEVÍ DE BON MATÍ..."

Si em lleví de bon matí
i ani-me'n tota soleta,
i entri-me'n dins mon jardí,
de matinet,
l'aire dolcet la fa rira-riret,
per collir la violeta.
Ai, llasseta ¿què faré
ni què diré?
Valga'm Déu, que estic dolenta,
l'amor és que m'aturmenta.

A mon dolç amat trobí
adormit sobre l'herbeta,
despertàs dient així,
de matinet,
l'aire dolcet la fa rira-riret,
si vull ésser sa amieta.
Ai, llasseta, ¿què faré
ni què diré?
Valga'm Déu, que estic dolenta,
l'amor és que m'aturmenta.

Io li'n respongui que sí,
mas que no fos sentideta.
Ai, que tant pler mai prenguí,
de matinet,
l'aire dolcet la fa rira-riret,
que restí consoladeta.
Ai, llasseta, ¿què faré
ni què diré?
Valga'm Déu, que estic dolenta,
l'amor és que m'aturmenta.

Joan Timoneda
(València? c. 1518-València, 1583)

"BELLA, DE VÓS SÓ ENAMORÓS..."

Bella, de vós só enamorós.
Ja fósseu mia!
La nit i el jorn, quan pens en vós,
mon cor sospira.

Tot mon tresor done, i persona,
a vós, garrida.
Puix no us vol mal qui el tot vos dóna,
dau-me la vida;
dau-me-la, doncs, hajau socors,
ànima mia.
La nit i el jorn, quan pens en vós,
mon cor sospira.

Lo jorn sencer tostemps sospir,
podeu ben creure;
i a on vos he vist sovint me gir,
si us poré veure,
i quan no us veig creixen dolors,
ànima mia.
La nit i el jorn, quan pens en vós,
mon cor sospira.

Tota la nit que en vós estic,
he somiat;
i quan record sol, sens abric,
trobe'm burlat.

No em burleu més: durmam los dos,
    ànima mia.
La nit i el jorn, quan pens en vós,
    mon cor sospira.

Al finestruc mire corrent,
    sols de passada,
i, si no hi sou, reste content,
    que hi sou estada;
i en aquell punt reste penós,
    ànima mia.
La nit i el jorn, quan pens en vós,
    mon cor sospira.

Vós m'haveu fet gran cantorista
    i sonador;
vós, ben criat; vós, bell trobista,
    componedor,
fort i valent; també gelós,
    ànima mia.
La nit i el jorn, quan pens en vós,
    mon cor sospira.

No us atavieu, anau així,
    que prenc gran ira
si us ataviau i alcú prop mi
    per sort vos mira.
Nueta us vull, gest graciós,
    ànima mia.
La nit i el jorn, quan pens en vós,
    mon cor sospira.

Plagués a Déu que com io us mane
    vós me manàsseu.
Seria ma sort, per si us engane,
    que m'ho provàsseu,
que en vida i mort tot só de vós,
    ànima mia.
La nit i el jorn, quan pens en vós,
    mon cor sospira.

"D'ON SOU QUE TAN ALT VENIU.."

D'on sou que tan alt veniu,
   don Pipiripiu?

Segons cantau poc a poc
i us cremau on no hi ha foc,
deveu ser de qualque lloc
nat en lo mig de l'estiu,
   don Pipiripiu.

Puix nos dau tant de plaer,
raó és que us donem muller,
però voldria saber
d'on sou ab vostre enretxiu,
   don Pipiripiu.

Ab vostre ballar i manyes,
i voltetes tan estranyes,
deveu ser de les muntanyes
on fan cogullades niu,
   don Pipiripiu.

Anònim
(segona meitat del s. XVI)

"LO MAL DE L'AMOR, PASTORA..."

Lo mal de l'amor, pastora,
voluntat l'ha de causar;
lo que voler estrenyora
per voler no es pot deixar.

Amor descobrí sa manya
lo primer punt que et mirí,
que en veure't en la muntanya
tot lo cor m'enterbolí,
i, volent, ia no fou hora
de poder-me retirar:
lo que voler entrenyora,
per voler no es pot deixar.

Bé sap Déu que io volguera
poder-me'n descabollir,
mes la voluntat primera
mai ho volgué consentir.
Amar pot fer-la traïdora,
mes no pot fer desamar:
lo que voler entrenyora,
per voler no es pot deixar.

Tot quant tinc t'he ia donat,
puix voluntat m'ha vençut;
ia no està en ma llibertat
no voler lo que he volgut.
Si més pogués dar, pastora,
no t'ho podria negar:
lo que voler entrenyora,
per voler no es pot deixar.

Tu podràs ingrata ser,
que mai podré desamar-te,
que no vol lo meu voler
sinó poder contentar-te.
Io descontentat me fóra,
sinó que vinc a pensar:
lo que voler entrenyora,
per voler no es pot deixar.

Anònim
(s. XVI)

"*EN CLAVELL, SÍ M'AJUT DÉU...*"

En clavell, sí m'ajut Déu,
tan belles olors haveu!

En clavell verd i florit,
ma senyora us ha collit.
Tan belles olors haveu!

En clavell verd i granat,
ma senyora us ha segat.
Tan belles olors haveu!

Joan Pujol
(Mataró?... 1538-1603...)

"ETERN FACTOR DE TOTA CREATURA..."

> *Puix que sens tu, algú a tu no basta*
> Ausias March

Etern factor de tota creatura,
en qui esperam, ab certa confiança,
de posseir sens temor de mudança,
l'etern deport de la divina altura;
nigú porà, creat de mortal pasta,
pujar a tu, mereixent de condigne;
doncs tu, Senyor, gira't a mi, benigne,
puix que sens tu algú a tu no basta.

Puix que sens tu algú a tu no basta,
i la salut dels pecadors desitges,
de mon pecar, Senyor, no t'enfastitges,

que el perdonar en tu tot sol s'engasta;
en lo capbreu dels elets me capbreva,
que jo confés a tu fel vassallatge;
aparta prest de mi l'etern damnatge,
dóna'm la mà, o pels cabells me lleva.

Dóna'm la mà, o pels cabells me lleva,
met en oblit les mies grans ofenses,
segur estic, Senyor, si tu em defenses,
que ton poder de tot treball relleva;
i puix conec que està de ben fer nua
ma voluntat, obrant ab mà escassa,
ajuda'm, Déu, puix sovint s'embarassa,
si no estenc la mia vers la tua.

Si no estenc la mia vers la tua,
estimant més dels vicis la sentina,
cou ab ton foc, qui el món tot il·lumina,
ma voluntat, en seguir-te tan crua;
si de ben fer mon voler se retira,
puix entens bé la mia gran flaquesa,
ab l'etern braç de ta gran fortalesa,
quasi forçat a tu mateix me tira.

Quasi forçat a tu mateix me tira,
ans que de mort jo veja lo meu terme,
perquè, morint del pecat ab lo verme,
sé que no puc fugir de ta gran ira;
cercar-te vull, però jamés t'encontre,
en lo camí trobant mil embarassos,
per què cercant l'infern ab cuitats passos,
jo vull anar envers tu a l'encontre.

Jo vull anar envers tu a l'encontre,
i no es pot fer seguint la via torta;
voler sens fets demostren la fe morta,
en perill som d'algun terrible encontre;
l'enteniment en mi bon voler cria,
mas l'apetit fa l'acció malalta,
per què sovint ab gran desordre salta:
no sé per què no faç lo que volria.

No sé per què no faç lo que volria,
ni puc trobar a mon fallir disculpa,
i conec bé que en mi recau la culpa,
puix no m'esforç en fer lo que poria;
de bons desigs dins en mi port una atxa
morta sens llum, puix no es mostren per obra;
falt en obrar, e lo bon voler sobra,
e no sé què aquest voler empatxa.

E no sé què aquest voler empatxa,
mos sentiments s'escampen ab desorde,
si vull tornar en concert i bon orde,
mon apetit tot bon consell despatxa;
i volant va de una en altra branca,
e jo seguesc aquell on me convida,
no sé per què pecant a solta brida,
car jo som cert haver voluntat franca.

Pere Ordines
(Alaró, finals del s. XVI-primera meitat del s. XVII)

"LA CANÇÓ QUE N'HAVEU DITA..."

La cançó que n'haveu dita,
    dita n'és.
Senyora, gràcia i mercès.

La cançó que n'haveu dita,
la cançó que n'haveu dita,
dins mon cor la tenc escrita,
    dita n'és.
Senyora, gràcia i mercès.

La cançó que haveu cantada,
la cançó que haveu cantada,
dins mon cor la tenc posada,
    dita n'és.
Senyora, gràcia i mercès.

Francesc Vicenç Garcia
(Tortosa, 1579-Vallfogona, 1623)

*A UNA HERMOSA DAMA DE CABELL NEGRE QUE ES
PENTINAVA EN UN TERRAT AB UNA PINTA DE MARFIL*

Ab una pinta de marfil polia
sos cabells de finíssima atzabeja,
a qui los d'or més fi tenen enveja,
en un terrat la bella Flora un dia.

Entre ells la pura neu se descobria
del coll, que ab son contrari més campeja;
i com la mà com lo marfil blanqueja,
pinta i mà d'una peça pareixia.

Jo de lluny tan atònit contemplava
lo dolç combat que ab extremada gràcia
aquestos dos contraris mantenien,

que el cor enamorat se m'alterava,
i, temerós d'alguna gran desgràcia,
de pendre'ls tregües ganes me venien.

Christo:

Tanta temor, Teresa, tanta pena,
excessives glòries i alegries!
repara, i mira, que agravia... podries
esperança de ma llum serena.
sossega, e espo... casta, i as arena
aqueix penar, que han... bast... et les mies
dura, or... descans, per... e infinits... delícies
en temps... salts, per... estre na...

Teresa:

a la bellesa de glòria veig... in ca...
... senyor... s'Em muda.
Sou, sens dubte, Senyor,... sol de Teressa,
Vostra esclava, ab... un clava se... vivifica,
Segura, e espero glòria, descans, que sou vós sens a ajuda, i fortalesa.

A UNA DAMA, QUE PATINT UNA GRAN SET, LI DONÀ SON GALANT UN GERRO D'AIGUA

De la caritat vinguí
a conseguir la finor,
puix que he apagat l'ardor
a la que me'l causa a mi.
Quan ab son preciós robí
l'aigua ditxosa tocà
ab vislumbres la il·lustrà
de resplendor carmesina
fent ab sa boca divina
lo miracle del Canà.

Francesc Fontanella
(Barcelona, 1615?-Perpinyà? c. 1680/85)

A LA MORT DE NISE

Oh dures fletxes de mon fat rompudes,
rompudes per ferir més doloroses,
que, llevant-me les plomes amoroses,
deixen al cor les puntes més agudes!

Flames més eclipsades que vençudes,
aurores algun dia lluminoses,
ombres ja de ma vista tenebroses,
tenebroses, mortals, però volgudes.

Principi trist de penes inhumanes,
terme feliç de l'ànima afligida
que per alívio son dolor adora;

fletxes sereu i flames sobiranes
si llevau a mon cor la trista vida
per donar a mos ulls eterna aurora.

"CÀNDIDA, CRISTAL·LINA CORRENT PURA..."

Càndida, cristal·lina corrent pura,
aigua fort d'un voler de flama activa,

que en caràcter etern bronces aviva
de Nise burilant la sepultura,

és, lector, la que veus, si la ternura
no t'impedeix la vista compassiva,
que un sentiment penós los sentits priva,
i més si és d'ell objecte una hermosura.

Oh llàgrimes d'un foc mai eixugades!,
oh flames d'un raudal mai extinguides!,
de Fontano les forces alternades,

perquè duren eternes vostres vides,
lo cor dóna a les asqües abrasades
i los ulls a les aigües derretides.

DESENGANY

Passen edats i vides
ab moviment subtil,
les unes nos segueixen,
a les altres seguim.
Los anys se precipiten
tan veloçment al fi,
que és començar a viure
començar a morir.
Los termes corresponen
en cercle repetit:
lo que un sospir anima,
acaba altre sospir.
Aquell alat i coix,
que és nou sempre, i antic,
la dalla té per vèncer,
les ales per fugir.
Fugen volant les hores,
i en globus cristal·lins
la pols que cau desperta
a la que està dormint.
Plora la font en néixer
lo breu de son camí,
del bressol d'esmaragda
a la urna de zafir,
quan ab agenes aigües
inunda lo jardí,

121

si riu no la sepulta,
se precipita riu.
Vola vaixell superb
ab les ales de lli,
i troba lo naufragi
tan prest com lo perill.
A la dubtosa vida
ab lo crepúscol ix
la meravella vella
en son primer matí.
A la viola dèbil,
al gira-sol altiu,
mortalla són comuna
los tendres jessamins.
És en florida esfera
fragant emperadriu,
efímera de nacre,
cometa de carmí.
Ni sa guarda espinosa
ha pogut encobrir,
a la invisible Parca,
de sa verdor lo fil.
Des del més noble lliri
fins al clavell més viu,
totes les flors acaben
sols de l'haver florit.
Si fuig la nit vençuda
en va l'alba se'n riu,
puix que venja lo dia,
les mengües de la nit.
No canten la victòria
los ocellets festius,
si causa son eclipse
qui la fa resplendir.
Del temps lo gran monarca,
del temps no s'eximí,
si principi de viure,
exemple de morir.
D'esta manera passen
mos dies fugitius,
que no els tinc per mos dies,
puix són los que no tinc.
Si per los que passaren,
altres han de venir,
uns són de l'esperança,
los altres de l'oblit.

Mes, oblit favorable
contra mals envellits
que, renovant memòries,
augmenten lo perill.
Desconec la figura
de mi mateix en mi,
tots los colors confusos,
mudats tots los perfils.
Tan lluny d'aquella imatge
del gran pintor diví,
que sols la pot conèixer
qui la pot corregir.
Anticipat cadàver,
sinó sepulcre trist,
de mortes altiveses
i de cuidados vius.
Del llum resten les ombres,
del foc la cendra vil,
del cos lo tronc inútil
i del cor lo patir.
Mes, puix la vida tota
és un punt infeliç,
pensem en altra vida
que és nostra fi sens fi.

Josep Romaguera
(?-Barcelona d. 1711)

A L'ARC IRIS

Iris de l'esfera,
florit horitzó,
èmulo de Cloris,
meteor airós.

Del compàs de Febus
paral·lel en flor,
és de la bonança
triomf i blasó.

A l'aigua en diluvi
templa sos colors,
de l'ira celeste
fiador hermós.

Los núvols esmalta,
pinta ses regions,
rua de matisos,
guirnalda de flors.

Si de arc blasona,
és traste d'amor;
mes, vent-lo sens fletxa,
ningú el tem arpó.

Sols viu a la llum,
i a son ardor mor
Fènix que renaix
ab los raigs del sol.

Joan de Boixadors
(Barcelona, 1703-Roma, 1780)

SOLILOQUI D'ENEAS

Doncs, oh Eneas, que serà
precís que a Dido deixem?
Mes, sentiments, què diem?
Cor, a on la llengua va?
Eneas, ai, deixarà
a Dido? No, no pot ser
que, fet esclau del voler,
quan lo remei s'ha ordenat,
accepte la llibertat,
podent ser tal presoner!

Jo, deixar-te? Dura estrella!
Jo, sens tu, quan sols pensar
que tal mal se pot donar,
sens compassió m'atropella?
No, no serà causa bella
de mon amor, que ma fe,
per a no perdre tant bé,
a tot quant s'oposarà,
menos ton poder, romprà.
Mes, ai de mi, què rompré?

No és Júpiter qui m'envia
per Mercuri l'ambaixada?

Sí, que ma finesa irada,
d'altri no la sofriria,
puix que mon amor rompria,
si en los turments que pateix,
lo dolor, que afligeix,
fill se veu de la ferida,
que en son cor deixa produida
Jove, ab son llamp que el parteix.

Mes, com deixarà l'esfera
mon amor, en què reposa?
Com, aquella llum ditxosa,
nord de ma fe vertadera?
Com entrarà en la severa
privació de claredat?
De qui, en los horrors posat,
cobert tot del desconsol,
serà el dolor ton consol,
lo mal, la felicitat?

Com? Mes, ai, sia com sia,
deixem lo com del sentir,
que no el gosar! L'obeir
nos toca, voluntat mia!
Ja en l'amorosa porfia,
fet infelís de ditxós,
"Dido", et diu mon cor plorós,
"Júpiter mana, ell m'obliga,
a son voler ma fatiga
cedeix, adiós, Dido, adiós!"

Però ja arrimat, mon cor,
tot interès de l'amor,
falta encara examinar
si queda queixós l'honor.
Nos mira presa d'amor,
Dido? Sí, i tan fort lligada,
que, perquè jamai librada
se puga dir de sa pena,
de sos braços fent cadena,
a feel guardià està entregada.

Qui és la causa de son mal?
Jo! Qui de sa honra i sa fama
és àrbitre? Tal m'aclama!

Ditxa en mon pit immortal,
qual serà l'estat, oh, qual
en què deixada se mire?
Tal, que l'obligue a que aspire
a llevar, sa mà enfurida,
respiracions a sa vida,
perquè son honor respire.

I deixar-la en est estat,
què és? "Infàmia, infàmia!", he dit.
I, fora de si, mon pit,
en deixar-la, ha sossobrat.
A obeir, qui està obligat,
la infàmia? Mes, ai de mi,
no m'ho manen los déus? Sí!
Puix, com infàmia serà,
si ningun déu manarà
lo que és infàmia de si?

Si un déu arriba a manar
una infàmia, serà injust.
Com, qui té el ser de ser just,
una infàmia ha d'ordenar?
Los déus me manen deixar
a Dido i, no obstant que jo,
quissà a impuls de la passió,
que seria infàmia crega,
que estan, és bé que conega,
sempre units déu i raó.

Pobra Dido, en ton estat,
que pocs medis te fa ditxa,
puix contra tu, en la desditxa,
tens tot lo cel conjurat!
Oh Venus, tu que has causat
lo tot d'aquest desconsol,
¿com ta alta compassió vol,
en la raó d'instrument,
ser lo tot del sentiment
i no ser part del consol?

Mes ja, ai de mi, que deixem
a Dido, com ser podrà
que, abandonant a la mà,
nostre nom abandonem?
D'ingrat lo renom prenem,

quan a regnar nos partim;
fortíssim medi escollim,
vist sols lo qual alcançam
que del regne nos llunyam
al pas que al regne venim.

Quin vassall aspirarà
a favor de son nou rei,
si el premi, segons la llei,
de sa ingratitud creurà?
Qui bé per son bé obrarà?
Mes, ai, obre en tant jo bé,
no ab Jove disputaré!
Si és encert, o no, el partir,
i a pesar de mon sentir,
l'encert en un déu creuré.

Rendit, Dido, mon amor,
de ton mal lo sentiment
se rendeix per més turment
de ma opinió lo temor.
Ja el veneno beu mon cor,
i en beure-lo ell, jo, furiós,
en veure que mata els dos
quan a sa força cedesc,
repetesc, ai, repetesc,
"Adiós, Dido, adiós!"

Guillem Roca i Seguí
(Ciutat de Mallorca, 1742-1813)

FAULA BURLESCA DE PÍRAM I TISBE
(fragments)

Refereix mestre Nassó,
mestre major de rondaies,
mestre de danses qui ensenya
a sos déus a fer mudances,
que en aquella gran ciutat
de gegantines murades (...)
Píramo es deien, i Tisbe,
estos dos, cuies hassanyes
fins en la magra Mallorca

canten les muses més grasses (...)
Arribà en es lloc pactat
amb la cara com les brases,
i quan corria es cambuix,
hei trobà sis o set mantes.
Quan véu que eren de na Tisbe,
i les sanguinoses clapes,
i advertí de la lleona
les molt espesses petjades,
al punt se posà a fer es loco,
cridant amb uns crits tan agres
com una llimona verda,
i tan trists com una flauta.
"Ara estic jo fresc —digué—,
com he pegat sa suada
perill de constipar-mé,
i tot és estat debades (...)
No hei haurà consol per mi,
puix, per lo que m'estimaves,
no sent el que sies morta,
sinó que ets morta intestada.
Oh, malbé faça al lleó
qui t'ha fet tastar ses garres,
puix no m'ha deixat sa roba
sisquera per recordança!
Què he de fer d'estes banderes,
sinó espolsar-ne sabates?
Com!, de tant de temps perdut,
no en tenc de treure altra paga?
Surte aquest lleó si és homo
a ajuntar o a trompades,
meem si llevarà llengo,
si la meua m'arrabassa!
Però no, això és de coquins,
matar aquestes alaques;
matar un valent com jo,
això sí que serà hassanya."
A penes això hagué dit,
quan desembeinà s'espasa
i, tirant sa beina veia,
li'n féu de nova sa panxa.
I com tenia a sa sang
sa còlera liquidada,
més de tres canes amunt
com un coet rompé l'aire.
Esta al punt féu tornar negres

aquelles moretes blanques,
i això qui no ho creu no peca,
i qui heu creu és impecable.
Encara aquest a la terra
pegava algunes grapades,
quan ja, tota tremolant,
la seua Tisbe arribava (...)
Descobrí l'agonitzant,
i quan véu que es bellugava,
pegà un bot i un gisco
tan prim com un fil d'aranya.
Però al punt que el conegué,
començà a pegar-se inflades,
s'arrancà tots los cabeis
i s'esquinçà sa corbata.
I tirant-se luego a terra,
fregant per ella ses anques,
este trist proàngol féu
entre sospirs i manades:
"Ai, desditxada de mi!
Ai, prenda de mes entranyes!
Ai, mort de la meva vida!
Ai, voluntat mal lograda!
Digau-me: estimat dolcet,
digau-me: qui us ha llevada
la vostra estimada vida,
qui la meva em sustentava?
Responeu-me i reparau
que esta és l'última vegada
en què de la vostra Tisbe
podeu sentir les ploraies (...)"
A penes hagué conclòs
esta trista faramalla,
quan, d'en Píramo l'estoc,
agafà amb una grapada.
I fent compte que era el cap
de la trena amb què es cordava,
el se passà per los pits
i passà d'un món a l'altre.
Caigué, en fi, perquè és molt propi
als enamorats el caure,
que si cau de l'ase algú,
cauen dos mil des retaule (...)

Joan Ramis
(Maó, 1746-1819)

ÈGLOGA DE TIRSIS I FILIS

In amore haec omnia insunt vitia: injuriae,
Suspiciones, inimicitiae, induciae,
Bellum, pax rursum.

Terenci, *Eunuc,* act. I, esc. I.

TIRSIS:
En fin, el temps me mostra,
ingrata, clarament,
que la passió vostra
ha mudat com el vent.

Ell me diu, m'assegura
que tot està acabat,
que sou una perjura,
qui m'haveu enganyat.

FILIS:
Cruel, quan tu me deixes,
quan prens un nou amor,
¿de mon cor formes queixes?
El tractes de traidor?

Ah, cessa d'insultar-me!
Amb estes expressions,
tu intentes enganyar-me:
ja sé tes traïcions!

TIRSIS:
No, no, mon cor no es cansa,
ingrata, d'amar-vós,
si bé vostra mudança
l'irrita contra vós.

Solament se llastima
veent vostra crueltat,
puix, quan més vos estima,
l'haveu abandonat.

FILIS:
¿Aün, ingrat, voldries
poder dissimular,
quan les llàgrimes mies
ho demostren tan clar?

130

Sí, sí, que m'has deixada,
que tens altra en ton cor!
Sí, que som oblidada,
ingrat, jo no lo ignor!

TIRSIS: Antes que venga el dia
de fer mudança tal,
veureu la vida mia
finir son curs fatal.

Vós, sí, podreu deixar-me,
ingrata, ja lo sé;
vós podreu oblidar-me,
però jo no podré.

FILIS: Si amb fingides fineses
m'acabes d'enganyar,
ingrat, a tes promeses,
¿què fe puc jo donar?

Ton cor, sí, que podria
confiar de mon amor;
ell fins aquí es gloria
de no ser-te traïdor.

TIRSIS: Les injúries, les ànsies
que pas per amar-vós,
les vostres inconstàncies,
tot parla contra vós.

FILIS: El color de ma cara,
ma pena, mon dolor,
tot mostra, tot declara
el meu constant amor.

TIRSIS: Si les vostres promeses,
ingrata, no heu mudat
¿com és que les fineses
per mi s'han acabat?

FILIS: Si encara persevera
la flama de ton pit,
¿per què d'esta manera
me poses en oblit?

TIRSIS: Així vós ma fermesa,
ingrata, heu de negar?

FILIS: Quan jo he vist ta vilesa,
la podré jo dubtar?

TIRSIS: Lo que ma llengua jura
¿com no vos persuadeix?

FILIS: Ella és una perjura,
Filis ja la coneix.

TIRSIS: Però les mies ànsies?
Mes penes? Mos turments?

FILIS: Cruel, i tes inconstàncies?
I tos enganys patents?

TIRSIS: Tot són ficcions mies
per vostro amor provar.

FILIS: Ah, cruel! ¿Així voldries
a Filis enganyar?

TIRSIS: Puix vos veig tan irada
contra de mon amor,
pensant vos he deixada,
quan sempre vos ador,

de que mon cor vos ama,
rebeu l'últim senyal:
ell provarà ma flama,
però em serà fatal.

Sí, cruel, sí. Ma constància
res no ha pogut mudar:
ni la vostra inconstància,
ni el veure'm despreciar.

Sempre viu, sempre dura,
sempre continuarà:
ma llengua ho assegura,
ma mort ho mostrarà.

(Aquí TIRSIS *se vol matar)*

FILIS (*impedint a* TIRSIS): Ah, céssia ta porfia,
Tirsis, què és lo que fas?

Si no vols la mort mia,
detén, detén ton braç!

En alegria muda
ta pena, ton dolor!
Jo me confés vençuda
de ton constant amor.

Encara que adorada
me vègia d'altre amant,
de tu vull ser amada,
a tu vull ser constant.

Sí, sí, des d'aquest dia
més i més t'amaré,
tu seràs ma alegria,
jo la teua seré.

Antoni Febrer i Cardona
(Maó, 1761-1841)

AFECTES D'UN PECADOR ARREPENTIT

Gran Déu, els teus decrets estan plens d'equitat;
Tu sempre te complaus en esser-nos propici,
però jo som tan mal, que la teua bondat,
si em perdona, serà contra el teu just judici.

Sí, Senyor, que l'extrem de la mia maldat
no te permet sinó d'ordenar mon suplici.
Ton interès s'oposa a ma felicitat,
i ta clemència espera el càstig del meu vici.

Contenta ton desig, puix que t'és gloriós;
que et sia el meu dolor a tos ulls odiós;
castiga, que ja és hora, aquesta gran malícia!

Just el càstig serà que te sia ben vist;
però ¿a-ne quina part ferirà ta justícia
que no l'hàgia cobert la sang de Jesucrist?

Anònim
(principis del s. XIX)

LO TEMPLE DE LA GLÒRIA
(fragments)

Rodejat de la sombra formidable,
que difundeix la mort assoladora
desterrat a una terra inhabitable
que els tristos moradors cruel devora,
¿com cantaré la llum inesgotable
del Sol etern que brilla sens aurora,
que no ha vist de l'ocàs la tomba obscura
i derrama a torrents la ditxa pura?

Sentat amb los germans del captiveri
en l'endolada i fúnebre ribera
dels negres rius del Babiloni imperi,
sofrint dels enemics la sanya fera,
i els dardos de la burla i vituperi,
en una terra estranya i forastera,
¿com cantaré tan tràgiques escenes
entre grillons, manilles i cadenes?

Oh Vós, que resplendiu en les altures
de la santa Sion, Déu de grandesa,
abisme inesgotable de dolçures,
donau vigor i aliento a ma flaquesa!
En una mar submergit d'amargures,
parlar de vostra glòria és àrdua empresa,
mes jo entraré en la senda peregrina,
si vostra llum preciosa m'encamina.

Renovava una tarda la memòria
dels hèroes esforçats que reportaren
de si mateixos la immortal victòria
i amb il·lustres hassanyes decoraren
los fastos indelebles de la història,
i de llaurers eterns se coronaren,
quan me rendeix un son molt apacible
i pujo a la morada inaccessible.

Per les regions etèries navegava
sense rumb, sense carta i sense guia;
una aura dolça i fresca respirava,

i mon cor dilatava l'alegria;
una calma benèfica regnava,
i la pàl·lida lluna resplendia;
i centellant les vívides estrelles,
mars immensos formaven de llums belles. (...)

Entre dolços sospirs la llum admiro,
més hermosa a mos ulls que l'alba bella,
encantadora llum per qui sospiro
més que el pilot errant del mar l'estrella:
per tu, llum eternal, per tu respiro!
Tu il·lumines, divina meravella,
mos passos extraviats en nit obscura,
i trobo amb los teus raigs senda segura!

Així en mon entusiasme dirigia
tot mon cor a ta llum encantadora,
submergit en patètica alegria,
quan un màrmol nevat és nova aurora
que al pas titubejant serveix de guia,
puix, en una inscripció consoladora,
se'm presenta la senda suspirada
amb immortals caràcters designada.

"Oh vosaltres, que errants en terra estranya
sospirau per la glòria vertadera,
no teniu de buscar-la en la patranya
d'un món que dóna encens a una quimera:
escalau esforçats esta muntanya,
no aterre vostres cors sa vista fera;
no us deixeu enganyar per falsa estrella:
esta és la senda, caminau per ella" (...)

SEGONA PART
Segles XIX i XX

I. DEL ROMANTICISME AL MODERNISME
(1833-1906)

Bonaventura Carles Aribau
(Barcelona, 1798-1862)

LA PÀTRIA

Adéu-siau, turons, per sempre adéu-siau,
oh serres desiguals, que allí, en la pàtria mia,
dels núvols e del cel de lluny vos distingia,
per lo repòs etern, per lo color més blau.
Adéu tu, vell Montseny, que des ton alt palau,
com guarda vigilant cobert de boira e neu,
guaites per un forat la tomba del Jueu,
e al mig del mar immens la mallorquina nau.

Jo ton superbe front coneixia llavors,
com conèixer pogués lo front de mos parents,
coneixia també lo so de tos torrents,
com la veu de ma mare o de mon fill los plors.
Mes, arrencat després per fats perseguidors,
ja no conec ni sent com en millors vegades;
així d'arbre migrat a terres apartades,
son gust perden los fruits e son perfum les flors.

Què val que m'haja tret una enganyosa sort
a veure de més prop les torres de Castella,
si el cant del trobador no sent la mia orella,
ni desperta en mon pit un generós record?
En va a mon dolç país en ales jo em transport,
e veig del Llobregat la platja serpentina,
que fora de cantar en llengua llemosina,
no em queda més plaer, no tinc altre conhort.

Plau-me encara parlar la llengua d'aquells savis,
que ompliren l'univers de llurs costums e lleis,
la llengua d'aquells forts que acataren los reis,
defengueren llurs drets, venjaren llurs agravis.
Muira, muira l'ingrat que, en sonar en sos llavis
per estranya regió l'accent nadiu, no plora,
que en pensar en sos llars, no es consum ni s'enyora,
ni cull del mur sagrat la lira dels seus avis!

En llemosí sonà lo meu primer vagit,
quan del mugró matern la dolça llet bevia;
en llemosí al Senyor pregava cada dia,
e càntics llemosins somiava cada nit.
Si quan me trobo sol, parl amb mon esperit,
en llemosí li parl, que llengua altra no sent,
e ma boca llavors no sap mentir ni ment,
puix surten mes raons del centre de mon pit.

Ix, doncs, per a expressar l'afecte més sagrat
que puga d'home en cor gravar la mà del cel,
oh llengua a mos sentits més dolça que la mel,
que em tornes les virtuts de ma innocenta edat.
Ix, e crida pel món que mai mon cor ingrat
cessarà de cantar de mon patró la glòria
e passe per ta veu son nom e sa memòria
als propis, als estranys, a la posteritat.

Pere Talrich
(Vallespir, 1810-París, 1888)

"AL MURMURI DE TES RIERES..."

Al murmuri de tes rieres,
al dolç xiu-xiu dels faigs, dels polls,
dels castanyers, de les sureres,
al cant dels grills en los rostolls,
quin pler, quina delícia m'era,
mirar ta nit, per temps suau,
sembrant dels estels l'arenera
sobre el desert de ton cel blau!
Nit estrellada, nit serena,
nit amorosa, tan amena,
    qui no t'ha vist,
    per ell só trist!

"VALLESPIR..."

Vallespir,
dolç sospir,
quina alegria!
Mon cor somia
que un dia hauré per darrer llit
quatre lloses del teu granit.
Si em nega Déu eixa esperança,
si sota un altre cel de França
mon jorn suprem ha de venir,
de mi conserva est sovenir:
no moriré pas de vellesa,
ai no, moriré de tristesa,
Vallespir,
dolç sospir!

Tomàs Aguiló
(Ciutat de Mallorca, 1812-1884)

"DE DUES GENTILS DONZELLES..."

De dues gentils donzelles
el rei d'Aragó n'és pare:
una rosa és la princesa,
un bell lliri n'és la infanta.

S'hermosura d'una reina
sa major presenta ufana,
i a qui mira sa petita
li pareix que veu un àngel.

Es palau de Saragossa
té, baix de sa balconada,
un gran jardí que enrevolten
parets de murtreres altes.

Flors vives que fan enveja
a ses flors que tot l'esmalten,
donant-se es braç totes dues,
s'hi passetgen s'hora baixa.

Per darrera ses murtreres
tres cavallers d'alt paratge

141

embadalits les contemplen,
i escolten lo que elles parlen.

—Ja deus sebre que de Nàpols
és venguda una ambaixada.
—De tal fet no en tenc notícia,
i saps tu per quina causa?

—El rei de Nàpols és jove,
i esposa no ha pres encara.
—Molt mon cor s'alegraria
de que fosses s'agraciada.

—Es batecs des meu me diuen
que jo per reina som nada.
—Si feliç t'ha de fer un trono,
venturosa Déu te faça.

—Sempre he esperat que duria
corona d'or i esmeraldes.
Que estaria de contenta,
si una igual ton front honrava!

—Siga de flors o d'espines...
—Si a lo menos fos de plata!
—No em mancarà sa corona
que el cel me té reguardada.

—Voleu, senyora, sa meua?—
un des cavallers exclama.
I es presenta davant elles,
obrint-li pas, s'enramada.

I un genoll posant en terra,
prossegueix: —Hermosa infanta,
quina ditxa si em diguésseu
que ser meua vos agrada!

Tres anys fa que es pit me crema
des més pur amor sa flama,
que es meu cor per vós sospira,
que es temor sa boca em tanca.

I que d'amargues que foren,
fins aquí, ses meues llàgrimes!

I que dolces que serien,
per sa mà vostra eixugades!

Riqueses, en tenc de sobra;
ningú de noblesa em guanya;
tenc un nom que el món respecta.
Som es comte de Valldaura!

Si vòstron pit impressionen
aquestes humils paraules,
en la Cort sereu comtessa,
i reina sereu a casa.

—No cregueu, no, lo bon comte,
que jo tenga un cor de marbre,
emperò sa de comtessa
és corona que no em basta.

—I corona de duquessa?—
li respon tot d'una un altre,
que, de s'atapida murtra,
descompon es verd ramatge.

És per cert un galant jove
de rossa i espessa barba,
d'estrangera fesomia
i d'expressiva mirada.

De s'hermosa joveneta
vermeies tornen ses galtes,
com si es convertís en roses
lo que era de lliris antes.

—No em faceu mala acollida,
que de tronc reial som branca,
i de llorers sa corona
i sa de duc va ajuntada.

Tenc riqueses i tenc viles,
tenc naus pròpies i tenc llances;
si un castell roquer vós fósseu,
vos retria jo amb les armes.

Però aquí sols amb fineses
vol vèncer es duc de Bretanya
que a vostros peus diposita
de cent victòries ses paumes.

—Oh, gràcies! Però corones
de sang tenyides no em plauen.
Brilla molt sa de duquessa,
i per mi no em basta encara.

—I bé feis, perquè és de reina
sa que el cel vos té guardada—
s'altre cavaller contesta,
i dins es jardí se planta.

—El rei de Nàpols m'envia
com a cap d'una ambaixada,
perquè ésser ditxós espera
posseint vostra mà blanca.

—No meresc jo tanta d'honra,
i em sap greu parèixer ingrata;
però corona tan bella
encara per mi no basta.

De gel roman sa princesa,
que se veu tan enganada.
—Somies tu, per ventura,
en ser la reina de França?

—Si alta és aquella corona
sa meua ambició és més alta;
i si acàs la m'oferissen,
diria també: no em basta.

Corones que un dia es trenquen
per mi, germana, què valen,
quan el rei de cel i terra
per esposa me demana?

Ben prompte d'un vel coberta,
ben prompte de peus descalça,
mon palau serà una cetla,
mon mantell serà de llana;

però aprés, segles de segles,
a mon espòs abraçada,
corona duré d'estrelles,
i ets àngels seran mos patges.

"BLANCA ERA COM LA NEU; DE BLANC VESTIDA..."

Blanca era com la neu; de blanc vestida,
com la innocència en el seu front impresa;
damunt la llarga cabeiera estesa,
corona virginal de flors teixida;

blau mantell, com el cel que l'ha acollida;
blanc es vel, com dels àngels sa puresa:
així la veia jo ple de tristesa,
com si estàs solament allà adormida.

Així la veia jo, i la veig encara
enmig des camp que trist per mi verdetja,
prop del torrent que trist per mi redola;

la veig en fosca nit i en lluna clara,
i l'hermosa visió que així em rodetja,
endolceix un dolor que no aconsola.

Joaquim Rubió i Ors
(Barcelona, 1818-1899)

"OH, SORTIU PER MOS ULLS EN PLORS DESFETES..."

Oh, sortiu per mos ulls en plors desfetes,
com fuig l'aigua sobrant d'un vas de terra,
penes amargues que a mon cor feu guerra
i que, per grans, en ell veniu estretes.

Oh, vessau-vos en plors, penes secretes,
si no voleu que el cor, que el dol aferra,
se rompe prest, com cristal·lina gerra,
quan fermenta el licor, salta a miquetes.

Plorau, doncs, oh mos ulls, puix necessita
mon cor llagat i mústic per reviure
banyar-se en eix plant dolç que els mals ofega.

Lo cor és com la flor que el sol martxita;
puix ni pot sens rosada la flor viure,
ni el cor reviscolà's si amb plors no es rega.

Manuel Milà i Fontanals

(Vilafranca del Penedès, 1818-1884)

LA COMPLANTA D'EN GUILLEM

I

Planyeu-vos, camps de Dela, serra d'Espill!
La vostra flor més bella no la teniu;
l'arbre de verdes branques caigué i morí!

II

Los dos barons pugnaven de temps antic;
tronava la tempesta per valls i cims;
un jorn l'arc de bonança vérem lluir.

III

Era Guillem de Dela, gallard fadrí,
en arts de pau i guerra fort i subtil,
i els cavallers li deien lo rei dels nins.

IV

Serventa de la Verge, Blanca d'Espill,
era conhort de pobres i pelegrins,
per tots anomenada la flor de llir.

V

—D'Espill pubilla i dona, obre'm ton pit;
coneixes al de Dela, lo rei dels nins:
per senyor lo voldries? —Oh mare, sí!

VI

—Hereu de mon llinatge, Guillem mon fill;
bé saps quina és na Blanca, la flor de llir:
per fembra la voldries? —Oh pare, sí!

VII

Reberes als de Dela, palau d'Espill!
Ensems Guillem i Blanca foren aquí;
que un sol mot se diguessen no es va sentir.

VIII

Mes semblà que la sala de llum s'omplí,
i que olor se movia de Paradís,
i ella es tornà més bella, ell més gentil.

IX

Ai, de la sort de l'home, qui sap la fi?
Vingué una torrentada de sarraïns,
trencant castells i pobles i monestirs.

X

Del pont major de Dela, ja són al mig;
Guillem surt amb sa maça fortment ferint,
mes tremolant sageta se n'hi va al pit.

XI

—Adéu, vassalls de Dela, feels amics!
Adéu, pare, adéu, Blanca, pregau per mi,
que cap a Jesús vola mon esperit!

XII

Ara, ben lluny plantada de sa raïl,
a dins d'ombrívol claustre benedictí,
al cel son perfum llança la flor de llir.

XIII

Planyeu-vos, camps de Dela, serra d'Espill!
La vostra flor més bella no la teniu;
l'arbre de verdes branques caigué i morí!

UN TEMPLE ANTIC

Hi ha un temple antic on altre temps los monjos
                    resaren llurs cantars;
on potents i vassalls conhort trobaren,
                    o remordent esglai.

Sos nobles murs han combatut set segles
                    amb pluges, vents i llamps;
jamai vençut, a cada nova lluita
                    més bell se n'és tornat.

Avui pareix cobert al peu de boira,
                    mes alça triomfant
arcs a dins d'arcs, historiades faixes,
                    cloquer enfinestrat.

Que bé colora l'alba son aspecte,
                    ensems joiós i gran!
Com s'avenen ses pedres envellides
                    i els arbres verdejants!

L'obra de l'home al camp belleses dóna,
                    i en pren ella del camp,
i maridats art i natura engendren
                    vida i amor i pau.

Riu d'oblidança, l'esperit neteja
                    de pensaments amargs;
plers somniats per un instant li porta
                    l'alè de l'Ideal.

                    *   *

Del mig d'alta pineda el sol s'aixeca,
                    les boires esquinçant;
dins de llum platejada, arbres i roques
                    se veuen enllà, enllà.

De campaneta dolça veu s'escampa
                    per la deserta vall,
i amb sec cruixit una esberlada porta
                    s'obre de bat a bat.

Ja hi veig venir mestressa matinera,
                    un nen a cada mà,

i amb un aire plaent, tot xano-xano,
    un home de molts anys.

Noves remors, noves olors divaguen
    per la terra i l'espai...
Sossega't, fantasia; cor, desperta't:
    és hora de pregar.

Josep Lluís Pons i Gallarza
(Sant Andreu del Palomar, 1823-Ciutat de Mallorca, 1894)

L'OLIVERA MALLORQUINA

Conta'm, vella olivera,
mentre sec alenant sobre la roca,
    noves del temps d'enrera
que escrites veig en ta surenca soca.

Jo vinc a recolzar-me
a tes nuades rels, trist d'enyorança,
    perquè vulles tornar-me
dels béns que n'he perduts sols l'esperança.

Ton delicat fullatge,
que sota lo cel blau l'embat oreja,
    és de la pau la imatge,
de tots los goigs de la ciutat enveja.

Ta rama verda i blanca
com cabellera d'àngel t'emmantella;
    i a ta esqueixada branca
falta pel vent l'arrabassada estella.

Quan jove i vincladissa
creixies sobre el marge de la coma,
    xermava ta verdissa
la falç del llaurador fill de Mahoma.

L'àrab i sa mainada
respirant-ne tes flors pel maig sortien,
    i ta oliva escampada
sos fills, per la tardor, la recollien.

Ah, quin dol! Escoltant-ne
del corn aragonès lo toc de guerra,
   tallà tos brots, donant-ne
empriu a l'host de la guanyada terra!

   I el jorn de la conquista,
amb llàgrimes del cor senyant sos passos,
   sense girar la vista,
sortí amb l'infant més xic estret als braços.

   Los cavalls trepitjaren
dins lo solc sarraí les brulles tendres,
   i els ferros enfonsaren
de l'alqueria en les calentes cendres.

*　　*

   Com reposava, a l'ombra,
deslliurat lo baró dels durs arnesos,
   mentre els llebrers sens nombre
jeien al sol assedegats i estesos!

   I de son puny volant-ne,
el manyac esparver dalt tu es posava,
   les ungles encreuant-ne,
i els tendres cims dels branquillons vinclava.

*　　*

   Quan era una alta ermita
aquest claper de trossejada runa,
   lo místic cenobita
aquí s'agenollava al clar de lluna.

   Al toc del monestiri,
mans plegades al pit, pregàries deia,
   i el cel en son deliri
per lo reixat de ton ombratge veia.

*　　*

   Ara aquí el temps enganya
lo pastoret que embadalit s'atura,
   i amb flabiol de canya,
gira el ramat que al comellar pastura.

150

Mentre l'ovella tosa
amb lo clapat anyell entorn apila,
la cabra delitosa
tos tanys novells per rosegar s'enfila.

       *   *

Arbre amic del qui plora,
dosser sagrat d'eternitat serena,
jo et sento grat de l'hora
que m'has aidat a conhortar ma pena.

Tu al cor m'has donat força,
tu apar que em tornes joventut perduda,
com de ta eixuta escorça
la saba n'ix que ton brancatge muda.

Jo moriré i encara
espolsarà el mestral ta negra oliva;
res serà del que és ara;
tu sobre el blau penyal romandràs viva.

LOS TARONGERS DE SÓLLER

A la marjada ombrívola
los tarongers s'acopen;
son fruit com l'or grogueja
dins de la ufana fosca.
Benhaja l'ombra quieta
dels tarongers de Sóller.

Passa l'oreig que arriba
tot cabdellant les ones,
i de les flors més blanques
porta la flaire dolça.
Benhaja l'ombra quieta
dels tarongers de Sóller.

La busquera qui hi niua
per lo brancatge bota,
o, fugint-ne, s'hi atura,
dels olivars, la tórtora.
Benhaja l'ombra quieta
dels tarongers de Sóller.

Lo rossinyol refila,
i en el silenci escolta
com l'acompanya l'aigua
que fil a fil degota.
Benhaja l'ombra quieta
dels tarongers de Sóller.

Altívoles muntanyes
amunt la vall coronen:
lo sol ses llums hi senya,
sos trencs hi fan les ombres.
Benhaja l'ombra quieta
dels tarongers de Sóller.

Llunyanes les cingleres
on l'àliga s'ajoca,
el blau del cel retallen
amb sos cairells que es rompen.
Benhaja l'ombra quieta
dels tarongers de Sóller.

L'aigua a la torrentera
sota els pollancs s'escorre;
fuig lo vent que batega
les fulles tremoloses.
Benhaja l'ombra quieta
dels tarongers de Sóller.

Pel cor que amor somia
l'hora d'avui s'escola...,
la de demà s'atansa,
mes la d'ahir no torna.
Benhaja l'ombra quieta
dels tarongers de Sóller.

LO TREBALL DE CATALUNYA
(fragments)

Matinada

Lo dia que llustreja
amb fulgent arc a l'horitzó se mostra.
Oh, Déu, lluir lo veja
per sa glòria i salut la terra nostra!

Lo raig de sol que juga
sobre la mar de Roses diamantina
i, en los cinglers, eixuga
de Montseny la boirada matutina,

quan amb sa claror nova
sobre dels tendres brots l'aucell desperta,
a son treball ja troba
lo jornaler de Catalunya alerta.

Dalt dels vinyats s'enfilen
los cavadors giravoltant les rases,
i els boscaters apilen
la llenya en los turons per fer-ne brases.

Per les planes travessen
les colles del jovent, i per les hortes,
mentre, resant, endrecen
les dones sos llindars, obrint les portes.

Sonen les martellades
en la fornal, i cruix la dura serra;
les màquines ferrades
fan amb sos colps sotraguejar la terra.

I el vent amb sa potència,
i l'aigua dels saltants amb sa envestida,
i la flama amb sa ardència
a l'home ajuden que al treball los crida.

I el pensament alçant-se
amb eixa llum que els elements governa,
també, a Déu humiliant-se,
compleix amb son treball la llei eterna.

Migdiada

L'obra ha avançat, més l'hora és arribada
que per alçar lo front i reposar-ne
senyala el mig del jorn.
Que la bondat de Déu sia lloada,
puix féu a l'home amb son treball crear-ne
meravelles entorn!

Gireu los ulls! Per los canals la plana
amb les venes dels rius les fruites 'lleta

que foren rústics pins.
Sa corona de fum porta amb ufana
lo carro de vapor, i amb veu inquieta,
        udola pels camins.

Lo fil parlant guanya a l'aucell los passos,
i del mar baix les ones tenebroses,
        llisca per los fondals.
Les costes als vaixells obren sos braços,
i les ciutats aixequen, envejoses,
        sos palaus industrials.

Gran és de l'home l'esperit! La terra,
que ingrata li deu ser, rega i millora
        amb sa suor aixís;
i per segles lluitant amb noble guerra,
per transformar la creació, no enyora
        l'oci del paradís.

Fou lo treball maledicció divina
que les generacions damna fins ara;
        mes no és esclavitud.
Al bé el treball nos torna i encamina,
puix lo que fou maledicció d'un Pare
        deu ser una virtut!

Benhajau, jornalers, que alçau amb pena
los monuments de l'art! De la mà vostra,
        lo fruit és beneït.
Quan adreceu la doblegada esquena,
lo premi trobareu que el Cel vos mostra...
        Lo Senyor ho ha dit!

I si la pols de l'opulent que passa
espurna vostra cara demagrida,
        no ploreu vostra sort!
Esgoteu amb valor l'amarga tassa;
puix vos guarda pels dols d'aqueixa vida,
        sos goigs eterns la mort!

Mes, no; també en lo món amb sa llarguesa
s'obre la mà del Creador pels pobres
        que preguen treballant.
Per sos fills té els joiells de la riquesa,
té els llorers de la glòria per ses obres,
        té per ells un nom sant.

A l'obra, doncs! La llei per tots és feta;
tots una llibertat i una esperança,
    tots un deure tenim.
Amb viva fe i consciència satisfeta,
amb la ploma, amb l'arada o amb la llança,
    treballem i obeïm!

Vesprada

Fineix lo jorn, com de lluny
una música s'acaba,
los cims que daurava el sol
la boira del vespre amaga.
Baixen boscaters dels rocs
amb la destral a l'espatlla,
i baixen los cavadors
giravoltant per les rases.
Les trompes dels segadors
lo toc d'aplegar assenyalen.
Amb sos darrers esbufecs
lo fum dels vapors s'escapa,
i rius de treballadors
ixen al so de campana.
Mentre serres i martells
pels carrers la remor paren,
a la claror de la lluna
asseguts prop de llurs barques
conversen los pescadors,
i al voltant d'ells, llur mainada.
I a la llar cremant estelles,
perquè és fred lo vespre encara,
passen plegats lo rosari
los pagesos de muntanya.

Reposa Catalunya, sots lo mantell de glassa
que estén per tu la boira lliscant de vall en vall;
ton llarg fatic del dia amb somnis dolços passa
i torna amb noves forces a ton gloriós treball.

Tu feres d'un sòl aspre jardins per tes collades,
tu feres rius de plata brollar de tos telers;
davant sempre les altres avancen tes armades,
als mars de més borrasques fan cap tos mariners.

Per rica i poderosa te criden la primera,
tes obres testifiquen que ton orgull no és va;

l'empresa que no gosen, prenent-la per quimera,
"Que es faça a Catalunya", lo poble diu... I es fa!

Ta glòria és ta constància; per ella en altres dies
donares al món Jaumes, Rogers i Cabestanys,
per ella Déu comporta que avui encara sies
la joia de l'Espanya, l'enveja dels estranys.

Víctor Balaguer
(Barcelona, 1824-Madrid, 1901)

"PELS ESPAIS LLUMINOSOS S'ESTENEN MES MIRADES..."

Pels espais lluminosos s'estenen mes mirades
sense que entorn obiren més que lo cel i el mar:
lo cel amb sa grandesa serena i majestuosa,
lo mar amb sa infinita superba majestat.

Les ones van i vénen amb son plomall d'escuma:
ja s'alcen bullidores, ja cauen gemegant,
ja en rims de perles brillen a la claror dels astres,
ja estenen per la platja son transparent cristall.

Les onves van i vénen per sobre la mar blava:
si llestes se'n van totes, més llestes tornaran.
No és això lo que passa pels mars en què navego,
on les ones que fugen se'n van per no tornar.

Marià Aguiló
(Ciutat de Mallorca, 1825-Barcelona, 1897)

DECEPCIÓ

Malalties de l'ànima no maten,
n'agonitza hom llarg temps, mes, ai, no en mor...
Per dolor, les parets del cor no esclaten,
sols los ulls són qui esclaten amb greu plor.

Mes les llàgrimes cruels, que els ulls enceten,
del cor no trauen la infernal cremor;
mullen ses fibres que eixamplant-se baten,
i així hi cap més dolor dins nostre cor.

Ai del mesquí que en hora maleïda
per ésser naix d'alts sentiments traït:
la mort mateixa en fuig, i en fuig la vida!

Viu per provar amb desficiós neguit
que, si els desigs de l'home són sens mida,
també el cor pel dolor és infinit!

L'ESTRELLA DE L'AMOR

Ja passa la donzella
que els cors fa bategar,
        l'amor és vida,
que els cors fa bategar,
        vida és amar.

Tothom que se la mira
darrera li ha d'anar...

Set dames l'acompanyen,
les més gentils que hi ha...

Les dames s'escabellen,
que lletges els-e fa...

En té la cabellera
que els peus li'n ve a besar...

Olors d'aufabreguera
quan passa deixa anar...

Els joves que la troben
el cor li'n volen dar...

Les nines del vilatge
la volen fer encisar...

Les pedres que trepitja
no estan de tremolar...

Quan ella va a l'església
la gent no sap resar...

Els àngels molt la miren,
no es cansen de mirar...

De quin d'ells és germana
li'n volen preguntar...

Un patge se li acosta
i ella no es vol girar...

Un comte li diu bella,
i pitja el caminar...

Un frare li pregunta
per si es vol confessar...

"Oh, frare, lo bon frare,
davant m'haveu d'anar...
Cerc un convent de monges,
que monja em vull tancar..."

Teodor Llorente
(València, 1836-1911)

VORA EL BARRANC DELS ALGADINS

Vora el barranc dels Algadins
hi ha uns tarongers de tan dolç flaire,
que per a omplir d'aroma l'aire
no té lo món millors jardins.
Allí hi ha un mas, i el mas té dins
volguts records de ma infantesa;
per ells jo tinc l'ànima presa
vora el barranc dels Algadins.

Vora el barranc dels Algadins,
s'alcen al cel quatre palmeres;
el vent, batent ales lleugeres,
mou son plomall i els seus troncs fins.
En ells, milers de teuladins
fan un soroll que el cor encisa.

Qui oir pogués sa xiscladissa,
vora el barranc dels Algadins!

Vora el barranc dels Algadins,
l'aigua corrent los camps anega;
en sos espills lo sol llampega,
i trau l'arròs verdosos brins.
Sona el tic-tac en los molins;
i en caure el sol, caçadors destres,
a joca van d'ànecs silvestres,
vora el barranc dels Algadins.

Vora el barranc dels Algadins,
mourà demà les palmes l'aire;
li donaran los horts son flaire,
i sa cantúria els teuladins.
El mas demà guardarà dins
dolços records i imatges belles;
jo no podré gojar ja d'elles,
vora el barranc dels Algadins!

LA BARRACA
(fragments)

Com la gavina de la mar blavosa
que en la tranquil·la platja fa son niu;
com lo nevat colom que el vol reposa
de l'arbre verd en lo brancatge ombriu;
blanca, polida, somrient, bledana,
casal d'humils virtuts i honrats amors,
l'alegre barraqueta valenciana
        s'amaga entre les flors.

Baix la figuera, on los aucells de l'horta
canten festius l'albada matinal,
al primer raig del sol obri la porta
i als aires purs del cel lo finestral;
i com la mare cova a la niuada,
les amoroses ales estenent,
pobre trespol de palla ben lligada
        la guarda d'un mal vent.

Quatre pilars, més blancs que l'assutzena,
formen davant un pòrtic de verdor;

corre sobre ells la parra, tota plena
de pàmpols d'esmeralda i raïms d'or;
a son ombra, lo pa de cada dia
repartix a sos fills lo Treball sant,
i en la taula la Pau i l'Alegria
       les flors van desfullant.

A un costat obri el pou la humida gola;
i perquè tinga perfumat dosser,
la garlanda de flors, que al vent tremola,
estén sobre el brocal un gesmiler;
i per la franca porta mai tancada,
les flors despreses i el flairós perfum
a dins penetren, en la dolça onada
       de l'aire i de la llum.

Pengen del mur l'aixada i la corbella,
que a terra fan doblar lo suant front;
lo pulcre canteret, que la donzella,
encorbant lo braç nu, porta a la font;
i plena d'harmonies misterioses,
la guitarra, que ensems gemega i riu,
a la llum de la lluna en les gustoses
       vetllades de l'estiu.

Allà dins, entre alfàbregues florides,
en lo corral, baix l'ample taronger,
murmurejant pregàries beneïdes
la mare agrunsa a son infant darrer;
i al cim de la cabanya, fent-la un temple,
santificant sos gojos i dolors,
obri eterna la Creu, per digne exemple,
       sos braços protectors!

Tot riu entorn: va l'aigua cristal·lina
corrent entre pomells de lliris blaus;
sorolla dolçament la mar veïna;
mouen els arbres ventijols suaus;
i si el fillet dormit a la mamella
mira l'esposa i calla, ou a lo lluny
llarga cançó de l'home, que la rella
       enfonsa amb valent puny.

Barraca valenciana! Santa i noble
escola del treball! Modest bressol
del que nos dóna el pa, laboriós poble

curtit pel vent i bronzejat pel sol!
Més que els palaus de jaspis i de marbres,
més que los arcs triomfals i els coliseus,
tu, pobre niu, perdut enmig dels arbres,
            valdràs sempre als ulls meus! (...)

Guarda els infants que, baix de la porxada,
amb lo jònec valent juen sens por;
guarda la verge, que en la nit callada
escolta la cançó que li ompli el cor;
guarda la mare, ardida i jubilosa;
guarda el pare pensiu, que es cansa ja;
guarda el pobre vellet, que al peu reposa
            de l'arbre que plantà!

Guarda-los de la pluja i la tempesta
per a què dormguen sens dubtós recel;
guarda-los de la fam i de la pesta,
del foc dels hòmens i del llamp del cel.
Guarda-los bé dels esperits malignes;
de les llengües de serp dels mals veïns;
guarda-los bé de temptacions indignes,
            de pensaments roïns.

.I sobre ses victòries i fatigues,
sobre el goig breu i el treballar constant,
sobre el camp pedregat o ple d'espigues,
sobre la taula buida o abundant,
sobre el ball de la boda desitjada,
sobre el fúnebre llit, banyat en plors,
estenga eternament ta Creu sagrada
            los braços protectors!

Francesc P. Briz
(Barcelona, 1839-1889)

LA CANÇÓ DE MESTRE JAN

I

Mestre Jan és de la farga,
de la farga de Sant Joan,

Camprodon, lo té a l'esquerra,
i Ripoll, lo té al davant.
Martinet, aixafa el ferro,
que llatí roda el volant.
Pam! pam!
Pam! pam!
Visca la farga! Visca la farga!
Pam! pam!
Pam! pam!
Visca la farga i Mestre Jan!

Mestre Jan cantava un dia,
n'era un dia de bon sol;
per cantar cançons boniques
Mestre Jan s'hi pinta sol.
Martinet, aixafa el ferro,
Que el volant ja dóna el volt.

—Quina vida és com la nostra,
més que sia amb greu treball?
Lo renom de nostra farga
prou s'estén ben per avall...
Martinet, aixafa el ferro,
que l'està esperant lo mall.

Sense fargues no hi hauria
cap enginy de guerra o pau,
que del món i ses entranyes
sols lo ferro en té la clau.
Martinet, pica i repica,
que a l'enclusa bé li plau.

No hi hauria tampoc relles,
ni el goret fóra llaurat;
ni hi hauria esporg pels arbres,
ni tampoc sega pel blat.
Martinet, pica i repica,
ton remor a l'orella és grat.

Minyons meus, aneu de pressa,
que de ferro llest no en tinc;
los ferrers s'estan en vaga,
de sentí'ls queixar ara vinc.
Martinet, pica i repica,
fes que senti lo teu trinc.

Si me'n feu polida feina,
la cançó jo us cantaré,
la cançó que vos agrada,
la cançó que jo vaig fer.
Martinet, masega el ferro,
Martinet, masega'l bé.

Burxadors, preneu la burxa;
fonedors, vora el fornal.
Tots mà a l'eina, i bona via;
treballeu-me tots com cal,
que ara va la cançoneta,
la cançó de la destral.
        Pam! pam!
        Pam! pam!
Visca la farga! Visca la farga!
        Pam! pam!
        Pam! pam!
Visca la farga i Mestre Jan!

II

Fa molts anys, quan se sentien
sometents pertot arreu,
quan la pobra Catalunya
del francès duia la creu,
va sortir d'aquí el meu pare
amb cap baix i lleuger el peu.

Ganivet duia a la faixa,
a la dreta una destral;
la destral que aquí fou feta,
lo que és dir-vos-ho no cal,
va sortir d'aquesta farga,
la va fondre eixa fornal.

Tot lo tall l'enribetava
lo millor acer que es sol fer:
lo tascó n'era obra mestra,
i lo mànec, de freixer.
Si pesava tretze lliures,
bé ho pot dir el balanç que té.

Una filla que ell tenia,
diu que algú la hi va robar;

163

quan mon pare va saber-ho
la destral ne va forjar,
i una fresca matinada
feina i farga va deixar.

Passa obagues i solanes,
passa afraus, travessa ponts;
en les baumes no hi reposa,
no fa cas d'ombres ni fonts.
Si cau pluja, s'hi rabeja,
res li fan los llamps ni els trons.

Des del cim de la carena
un poblet obira al pla.
És captard, campanes toquen,
lo sol post fa temps és ja,
i ell, davalla que davalla,
cap al poble dret se'n va.

Quan del poble un carrer enfila,
li ha semblat sentir una veu.
Verge Santa! Si és aquella,
prou tindran de plantar creu.
Com que és fosca la vetllada,
més que guaita, res ell veu.

D'una xica finestreta,
ne mig bada el finestró;
la finestra és enreixada,
l'ull hi passa, si el cos no.
Del que veu dins de la cambra,
ja n'hi ve greu tremolor.

Pren l'anella de la porta,
son truc fa de mal sentir.
Al terç truc la porta s'obre...
Gran remor dintre s'oí.
L'endemà es parla pel poble
d'un francès mort que hi ha allí.

Quan l'aubada clarejava,
lo meu avi em despertà;
a la porta de la farga,
lo meu pare va trucar.
La destral que a la mà duia,
d'aquell clau la va penjar.

Si la vora n'era oscada,
no ho estranyarà ningú;
quan hi ha un grop dintre la fusta,
no hi ha tall ni tremp segur.
Era negra de la vora,
que era sang ne va dir algú.

De germana si en tenia
los meus pares ho sabran.
Si algun cop ne fèiem festa,
me portaven a Sant Joan:
una monja quan me veia
se posava a fer un gros plant.
Pam! pam!
Pam! pam!
Visca la farga! Visca la farga!
Pam! pam!
Pam! pam!
Visca la farga i Mestre Jan!

Jacint Verdaguer
(Folgueroles, 1845-Barcelona, 1902)

DON JAUME A SANT JERONI

Per veure bé Catalunya,
Jaume primer d'Aragó
puja al cim de Sant Jeroni
a l'hora en què hi surt el sol:
quin pedestal per l'estàtua!
Pel gegant, quin mirador!
Les àligues que hi niuaven
al capdamunt li fan lloc;
sols lo cel miraven elles,
ell mira la terra i tot;
que gran li sembla i que hermosa,
l'estimada del seu cor!
Té en son cel aucells i àngels,
en sos camps vèrgens i flors,
en sos aplecs l'alegria,
en ses famílies l'amor,
té guerrers en ses muralles,
naus veleres en sos ports,

naus de pau i naus de guerra
frisoses de pendre el vol.
Les ones besen ses plantes,
l'estrella besa son front
sota un cel d'ales immenses
que és son reial pavelló.
En son trono de muntanyes
té el Pirineu per redós,
per coixí verdosos boscos,
per catifa prats de flors
per on juguen i s'escorren
rieres i rierons,
com per un camp d'esmaragdes
anguiles de planta i or.
Del Llobregat veu les ribes,
les marjades del Besòs
que coneix per les arbredes
com les roses per l'olor.
Los vilatges a llur vora
semblen ramats de moltons
que, abeurant-s'hi a la vesprada,
hi esperen la llum del jorn.
Llena li parla de Lleida
que el graner de Roma fou;
Albiol, de Tarragona,
tan antiga com lo món;
Puigmal, de dues Cerdanyes,
talment dos cistells de flors;
Montseny, de Vic i Girona;
Albera, del Rosselló;
Cardona, de ses salines;
Urgell, de ses messes d'or;
Montjuïc, de Barcelona,
la que estima més de tot.
Tot mirant a Catalunya
s'ha sentit robar lo cor:
"Què puc fer per ma estimada?",
va dient tot amorós,
"si del cel vol una estrella,
des d'ací l'abasto jo".
"No vol del cel una estrella",
una veu dolça respon,
"la més bella que hi havia
se li és posada al front.
Torna-li dues germanes
que prengué el moro traïdor,

l'una anant a collir perles
vora la mar de Montgó,
l'altra nedant entre els cignes
prop d'on volava el voltor".
Ell gira els ulls a Mallorca,
l'obira com un colom,
nedant entre cel i aigua,
vestida d'un raig de sol;
a València no l'obira,
mes obira sos turons
que de l'hort de la sultana
són muralla i miradors.
Se n'arrenca de l'espasa
i aixeca sa veu de tro:
"Germanes de Catalunya,
i encara porten lo jou?
Rei moro que les tens preses,
jo et vull veure a mos genolls".
Si l'obirassen los moros,
les deixarien de por,
com deixaren Catalunya
quan, d'Otger entre els lleons,
Rol·lant los tirà la maça
des del cim del Canigó.
Quan torna els ulls a la serra,
cerca aquell qui li ha respost:
dintre l'ermita més alta
té la Verge un altar d'or,
no hi ha ningú en la capella
i ella té el llavi desclòs.
Posant a sos peus l'espasa,
cau en terra de genolls:
"A rescatar les catives,
Maria, guiau-me Vós:
a mon pit donau coratge,
a mon braç força i braó,
i si en pujar a la serra
vui me deien rei hermós,
quan tornaré a visitar-vos
me diran Conqueridor!"

A BARCELONA
(fragments)

Quan a la falda et miro de Montjuïc seguda,
m'apar veure't als braços d'Alcides gegantí
que per guardar sa filla del seu costat nascuda
en serra transformant-se s'hagués quedat aquí.

I en veure que traus sempre rocam de ses entranyes
per tos casals, que creixen com arbres amb saó,
apar que diga a l'ona i al cel i a les muntanyes:
mirau-la; os de mos ossos, s'és feta gran com jo!

Perquè tes naus, que tornen amb ales d'aureneta,
vers Cap-del-Riu, a l'ombra no es vagen a estellar
ell alça tots los vespres un far amb sa mà dreta
i per guiar-les entra de peus dintre la mar.

La mar dorm a tes plantes besant-les com vassalla
que escolta de tos llavis lo codi de ses lleis;
i si li diu "enrera!" fa lloc a ta muralla
com si Marquets i Llances encara en fossen reis.

En nàixer amazona, de mur te coronares,
mes prompte ta creixença rompé l'estret cordó;
tres voltes te'l cenyires, tres voltes lo trencares,
per sobre el clos de pedra saltant com un lleó.

Per què lligar-te els braços amb eix cinyell de torres?
No escau a una matrona la faixa dels infants;
més val que l'enderroques d'un colp de mà, i esborres.
Muralles vols ciclòpees? Déu te les da més grans.

Déu te les da d'un rengle de cimes que et coronen,
gegants de la marina dels de muntanya al peu,
que ferms de l'un a l'altre les aspres mans se donen,
formant a tes espatlles un altre Pirineu.

Amb Montalegre encaixa Nou-pins; amb Finestrelles,
Olorde; amb Collserola, Carmel i Guinardons;
los llits dels rius que seguen eix mur són les portelles;
Garraf, Sant Pere Màrtir i Montgat, los torreons.

L'alt Tibidabo, roure que sos plançons domina,
és la superba acròpolis que vetlla la ciutat;

l'agut Montcada, un ferro de llança gegantina
que una nissaga d'hèroes clavada allí ha deixat.

Ells sien, ells, los térmens eterns de tos eixamples;
dels rònecs murs a trossos fes-ne present al mar,
a on d'un port sens mida seran los braços amples
que el puguen amb sos boscos de naus empresonar.

Com tu devoren màrgens i camps, i es tornen pobles,
los masos que et rodegen, ciutats los pagesius,
com nines vers sa mare corrent a passos dobles;
a qui duran llurs aigües sinó a la mar, los rius?

I creixes i t'escampes; quan la planície et manca
t'enfiles a les costes doblant-te a llur jaient;
en totes les que et volten un barri teu s'embranca,
que, onada sobre onada, tu amunt vas empenyent.

Geganta que tos braços avui cap a les serres
estens, quan hi arribis demà, doncs, què faràs?
Faràs com eura immensa que, ja abrigant les terres,
puja a cenyir un arbre del bosc amb cada braç.

Veus a ponent estendre's un prat com d'esmeralda?
Un altre Nil lo forma de ses arenes d'or,
a on, si t'estreteja de Montjuïc la falda,
podrien eixamplar-se tes tendes i ton cor.

Aquelles verdes ribes florides que el sol daura,
Sant Just Desvern que ombregen los tarongers i pins,
de Valldoreix los boscos, d'Hebron i de Valldaura,
teixeixen ta futura corona de jardins.

I aqueix esbart de pobles que viuen a la costa?
Són nimfes catalanes que et vénen a abraçar,
gavines blanquinoses que el vent del segle acosta
perquè amb tes ales d'àliga les portes a volar.

La Murtra, un jorn, la Verge del Port, la Bonanova
seran tos temples, si ara lo niu de tes amors;
los Agudells, en blanca mudant sa verda roba,
abaixaran ses testes per ser tos miradors.

Junyits besar voldrien tos peus amb ses onades,
esclaus de ta grandesa, Besòs i Llobregat,
i ser de tos reductes troneres avançades
los pits de Catalunya, Montseny i Montserrat.

Llavors, llavors en témer que el vols per capçalera,
girant los ulls als Alpes, lo Pirineu veí
demanarà, eixugant-se la blanca cabellera,
si la París del Sena s'és trasplantada aquí (...)

—Avant, ciutat dels Comtes, de riu a riu ja estesa,
avant, fins on empenga ta nau l'Omnipotent;
t'han presa la corona, la mar no te l'han presa;
del mar ets reina encara; ton ceptre és lo trident.

La mar, un dia esclava del teu poder, te crida,
com dos portells obrint-te Suès i Panamà:
quiscun amb tota una Índia rienta te convida,
amb l'Àsia, les Amèriques, la terra; l'Oceà.

La mar no te l'han presa, ni el pla, ni la muntanya
que s'alça a tes espatlles per fer-te de mantell,
ni eix cel que fóra un dia ma tenda de campanya,
ni eix sol que fóra un dia faró del meu vaixell;

ni el geni, aqueixa estrella que et guia, ni eixes ales,
la indústria i l'art, penyores d'un bell esdevenir,
ni aqueixa dolça flaire de caritat que exhales,
ni aqueixa fe... i un poble que creu no pot morir!

Ton cel té encara totes ses flors diamantines;
la pàtria té sos hèroes, ses lires los amors;
Clemència Isaura encara de roses i englantines
fa cada primavera present als trobadors.

Lo teu present esplèndid és de nous temps aurora;
tot somniant fulleja lo llibre del passat;
treballa, pensa, lluita; mes creu, espera i ora.
Qui enfonsa o alça els pobles, és Déu que els ha creat.

LO LLIT D'ESPINES

*In lectulo meo per noctes quœsivi quem diligit
anima mea; quœsivi illum, et non inveni*

En mon llit de flors
mon llavi l'estima;
no l'estima, no,
que sols ho somnia.

Si l'Amor no hi ve,
jo m'hi moriria.
Si l'Amor no hi ve,
jo m'hi moriré.

Lo cerquen mos braços,
mon gemec lo crida:
"L'Aimador, on sou,
manadet de mirra?
Digau-m'ho, si us plau,
si voleu que vinga.
No té son mon ull,
quan lo braç no us lliga,
quan Vós ne fugiu
ja és lluny l'alegria.
Sortiré a cercar-vos,
com cerva ferida
que cerca la font,
la font d'aigua viva."
Ja en troba els armats
que vetllen la vila:
"Me l'heu vist o no,
l'Amor de ma vida?"
M'han pres lo mantell,
lo mantell de viuda,
i amb ses mans cruels
m'han esmortuïda;
mes, ai, de sos cops
ja no me'n sentia,
que em lleva el dolor
més suau ferida.
Un xic més enllà
gemegar n'oïa.
Lo veig en la Creu
on, cridant-me, expira,
clavats peus i mans,
lo cap entre espines.
Gemegor que fa,
jo prou l'entenia.
Si l'Amor no hi ve,
jo m'hi moriria.
Si l'Amor no hi ve,
jo m'hi moriré.
Quan lo veig morir
lo meu cor sospira;
m'abraço a la Creu

com un cep de vinya.
"Jesús, ja no em plau
lo llit que em plavia,
vos l'he fet de flors,
i el voleu d'espines;
si al vostre em voleu,
també hi dormiria,
clavats peus i mans,
lo cap entre espines,
i una llança al cor
que em lleve la vida."

CANT D'AMOR

Inveni quem diligit anima mea (Cant. III)

Dormiu en la meva arpa, himnes de guerra;
        brollau, himnes d'amor.
Com cantaria els núvols de la terra,
        si tinc un cel al cor?

Jesús hi pren posada cada dia,
        li parla cada nit,
i no batrà ses ales d'alegria
        l'aucell d'amor ferit?

Sos braços amorosos me sostenen,
        dintre sos ulls me veig,
i místiques paraules van i vénen
        en celestial festeig.

Barregen nostres cors sa dolça flaire,
        com flors d'arbre gentil,
bressades a petons pel mateix aire,
        l'aire de maig i abril.

Ja l'he trobat, Aquell, que tant volia,
        ja el tinc lligat i pres;
Ell amb mi s'estarà de nit i dia,
        jo amb Ell per sempre més.

Se'm fonen a sos besos les entranyes,
        com neu al raig del sol,
quan, caient son vel d'or a les muntanyes,
        aixeca al cel lo vol.

Jesús, Jesús, oh sol de ma alegria,
         si el món vos conegués,
com gira-sol amant vos voltaria,
         de vostres ulls suspès.

Jesús, Jesús, oh bàlsam de mes penes,
         mirall del meu encís,
sien sempre eixos braços mes cadenes,
         eix Cor mon paradís.

Qui beu en vostre pit mai s'assedega,
         Jesús sempre estimat;
oh, quan serà que jo a torrents hi bega
         per una eternitat!

Oh hermosura del cel, des que us he vista,
         no trobo res hermós;
ja alegre em semblarà la terra trista,
         Jesús, si hi visc amb Vós.

Deixau-me, Serafins, les vostres ales
         per fer-li de dosser;
deixa'm l'aroma que als matins exhales,
         oh flor del taronger.

Deixau-me, rossinyols, per festejar-lo,
         la dolça llengua d'or;
verges i flors del camp, per encensar-lo,
         deixau-me vostre cor.

Angels que al món baixau, com voladúries
         d'abelles al roser,
endolciu vostra música i cantúries,
         perquè hi estiga a pler.

A MON DÉU

                    Confitebor tibi in cithara, Deus, Deus meus
                    (Salm XLII)

Per espargir-me al front rosades perles
         gronxen lo pi i l'arboç,
per mi refilen tórtores i merles,
         mes jo canto per Vós.

173

Per Vós que el cant posàreu en mos llavis,
la cítara en mos dits,
i en mon cor buit la dolça fe dels avis
que eixampla els esperits.

Omplíreu-me'l d'amor perquè us ne done,
veieu's-el tot aquí;
féreu-me'l hort florit on vos corone;
voleu res més de mi?

¿Voleu que faça amb vostra creu la guerra,
la guerra dels amors?
¿Que arreu seguesca a peu descalç la terra,
cercant-vos aimadors?

¿Voleu de fil a fil sang de mes venes?
A dolls vos la daré!
¿Mos membres d'un a un, mes entremenes?
Jo tot m'ho arrencaré!

Mos pensaments, afectes i memòria
llevau-me'ls si els voleu;
¿voleu que renuncie fins la Glòria?
Senyor, no me la deu!

Mes, ai, no voleu tant, Jesús dolcíssim;
de qui us ha estat traïdor,
com d'un amable fill estimadíssim,
voleu-ne sols l'amor.

Voleu que assage aquí les refilades
d'aucell del paradís,
per fer-vos-les aprés més regalades
amb sistre d'or feliç.

Voleu que deixe les mundanes roses
per les d'eterna olor,
que pose sota els peus totes les coses,
i a Vós sobre el meu cor.

Al Rei del cel que a tots nos hi convida,
qui el cor li negarà?
A un Déu que estima amb eix amor sens mida,
qui no l'estimarà?

Qui fos aire d'abril, del pla i la serra
per aplegà'us l'encens!

Qui fos torrent, per inundar la terra
    de vostre amor immens!

Oh, si es pogués en vostre foc encendre,
    no es desfaria tant,
ni foren ses grandeses pols i cendra
    que l'aire va ventant.

A vostre alè que omnipotent la porta,
    batria com un cor,
obrint del vostre cada punt la porta
    sos batements d'amor.

Son dolç perfum als núvols, en pujar-se'n,
    desfet plouria en mel,
i lo morir seria sols volar-se'n
    d'un cel a l'altre cel.

Mes, ai, la terra al cant de vostra glòria
    ja no es desperta, no;
Però cantem; l'idil·li que ací mòria
    ja troba al cel ressò.

La cigala a l'estiu, pobra cigala!,
    s'afanya a refilar,
i erta i penjada als romanins d'una ala
    sol a l'hivern brillar.

Així, ma fossa en veure algú cavada
    no lluny del meu bressol,
dirà: "Pobra cigala enamorada,
    morí cantant al Sol!"

SUM VERMIS

> *Non vivificatur nisi prius*
> *moriatur* (1.ª Cor., 15, 36)
> *E carcere ad œthere.*
> *Dant vincula pennas.*

Veieu-me aquí, Senyor, a vostres plantes,
despullat de tot bé, malalt i pobre,
de mon no-res perdut dintre l'abisme.

Cuc de la terra vil, per una estona
he vingut a la cendra a arrossegar-me.
Fou mon bressol un gra de polsinera,
i un altre gra serà lo meu sepulcre.
Voldria ser quelcom per oferir-vos,
però Vós me voleu petit i inútil,
de glòria despullat i de prestigi.

Feu de mi lo que us plàcia, fulla seca
de les que el vent s'emporta, o gota d'aigua
de les que el sol sobre l'herbei eixuga,
o, si voleu, baboia de l'escarni.
Jo só un no-res, mes mon no-res és vostre;
vostre és, Senyor, i us ama i vos estima.
Feu de mi lo que us plàcia; no en só digne
d'anar a vostres peus; com arbre estèril,
de soca a arrel traieu-me de la terra;
morfoneu-me, atuïu-me, anihilau-me.

Veniu a mi, congoixes del martiri,
veniu, oh creus, mon or i ma fortuna,
ornau mon front, engalonau mos braços.
Veniu, llorers i palmes del Calvari,
si em sou aspres avui, abans de gaire
a vostre ombriu me serà dolç l'asseure'm.
Espina del dolor, vine a punyir-me,
cuita a abrigar-me amb ton mantell, oh injúria;
calúmnia, al meu voltant tos llots apila,
misèria, vine'm a portar lo ròssec.

Vull ser volva de pols de la rodera
a on tots los qui passen me trepitgen;
vull ser llençat com una escombraria
del palau al carrer, de la més alta
cima a l'afrau, i de l'afrau al còrrec.
Escombreu mes petjades en l'altura;
ja no hi faré més nosa, la pobresa
serà lo meu tresor, serà l'oprobi
lo meu orgull; les penes ma delícia.

Des d'avui colliré los vilipendis
i llengoteigs com perles i topazis
per la corona que en lo cel espero.
Muira aquest cos insuportable, muira;
cansat estic de tan feixuga càrrega;
devore'l lo fossar, torne a la cendra

d'on ha sortit, *sum vermis et non homo*.
Jo no só pas la industriosa eruga
que entre el fullam de la morera es fila
de finíssima seda lo sudari.
Jo me'l filo del cànem de mes penes;
mes, dintre aqueixa fosca sepultura,
tornat com Vós, Jesús, de mort a vida,
jo hi trobaré unes ales de crisàlida
per volar-me'n amb Vós a vostra glòria.

Àngel Guimerà
(Santa Cruz de Tenerife, 1845-Barcelona, 1924)

L'ANY MIL

Era en lo temps en què les neus primeres,
les grogues faldes dels turons baixaven;
i en amples colles, voleiant lleugeres,
les aus sens pàtria sobre el mar passaven.

Monjos i frares en tropell seguien
los burgs tranquils, barbotejant absoltes,
i els nins porucs los veien que es perdien
dels alts castells per les negresques voltes.

Jorns i més jorns que en núvols se desfeia
l'encens més pur en los sagrats retaules;
i, els vells abats, tota la nit se'ls veia
dels salms eterns escorcollant paraules.

Los senys brandaven amb la veu plorosa;
l'or dels magnats los monestirs omplia;
i el trist vassall vora la llar fumosa
los jorns comptats amb un carbó escrivia.

De dalt del mur la forca abandonada
ja els corbs no veia entre la nit obscura,
i al peu mateix de la ciutat murada
l'isard baixava en cerca de pastura.

La trista verge en lo casal reclosa,
ja no es delia per sentir la queixa
del patge hermós, lo de la veu melosa,
que amor glossava vora l'altra reixa.

Llançant les armes dels castells baixaven
les gents a sou, sobre els camins perdudes,
i als camps pairals indiferents trobaven
ja els fruits ressecs i les agrams crescudes.

Roba de sac los cavallers vestien;
jeia la pols en los trofeus de guerra;
i el vi de mel i l'hipocràs dormien
al fons ventrut de la pesanta gerra.

Ciutats i viles solituds semblaven;
les eines queien de les mans dels homes,
i en va els jueus en sos porxats mostraven
joiells i erminis, i brocats i plomes.

A port les naus dintre de llacs fangosos
los jorns passaven sens canviants esteles,
sentint los corcs que furguen perfidiosos,
veient les aus filigarsar ses veles.

I els folls burgesos, que el girant de lluna
sens pa i sens llenya ben a prop miraven,
per coure al fi la miserable engruna
les eines totes en la llar cremaven.

I el jorn vingué que els esperits aterra:
voltat paorós de boires ennegrides
l'astre de foc passà sobre la terra
deixant per tot les gents esporuguides.

Tocà a Occident, i al cim de les muntanyes,
guaitant pels troncs espesseïts dels roures,
semblava un ull, caigudes les pestanyes,
d'esguard boirós que eternament va a cloure's.

Després les ombres los espais vestiren,
i eixam d'estels entre els vapors brillaven;
palaus i masos i castells s'obriren,
traient els homes que astorats ploraven.

A munts se'ls veia pels carrers dels pobles
amb rostre sec, esblanqueïts com marbres;
per tot confosos los vassalls i els nobles,
portant, de vius, la roba dels cadavres.

Damunt sos caps amb braços amorosos
als nins volguts les mares aixecaven;

d'enllà els malalts cridaven anguniosos,
i al coll dels fills los jais se repenjaven!...

Les turbes totes, caminant incertes,
caient i alçant-se, als temples s'empenyien!...
Ni un llum va encendre's a les llars desertes,
i els vents xiulaven, i els portals batien.

* *

L'hora és al fi. Les trompes del judici
tres voltes ara sonaran pels homes;
los frares en la creu del sacrifici
lo Just aixequen, emboirat d'aromes.

Repòs glaçat. Amb los mantells cobreixen
les gents sa vista que la llum refusa;
i senten tots los polsos que els glateixen
com dos martells batent sobre l'enclusa.

Les llums rogenques dels cirials tremolen,
i a l'arc cintrat, amb clamoreigs salvatges,
les negres aus aletejant revolen
topant pels vidres enriquits d'imatges.

De sobte, a l'una, esperançant la vida,
la gent s'adreça com la mar revolta:
i corre, i es para, i torna a córrer, i crida,
i calla aprés, i tremolant escolta...

* *

L'hora ha passat. Tan sols ratxa lleugera
torba el misteri de la nit callada:
pau en lo món i en la celeste esfera:
ja és l'any novell; ja ve la matinada.

L'espai blaveja; los estels se fonen;
mansa la boira en Occident s'ajunta;
als galls que canten altres galls responen;
l'Orient és or; és foc; ja el sol despunta!

* *

Humanitat entorna't a la vida;
tu has vist només fantasmes del desvari;

carrega't amb la creu avergonyida,
que és lluny, ben lluny la cima del Calvari.

Migrat plançó d'alzina que verdeja,
trau de la pols tes soques jovençanes:
com tems avui que el destraler te veja,
quan res no saps de llamps ni tramontanes!

Si un jorn t'alçares contra Déu traïdora,
prou la ignorància és càstig de ta pena:
Déu no ha manat al pecador que mora;
Déu vol que visca, que vivint s'esmena.

Lluny de ton cor l'esdevenir que aterra;
que amor és sols la veritat divina;
i escala de Jacob sobre la terra
los segles són. Humanitat: camina.

RECORDS

I quants estius sense veure
la casa de mos passats,
niu de santes alegries
que mai més han de tornar!

Amb los portals i finestres
com d'un sepulcre tancat,
amb les tàpies ennegrides,
i que és trista de mirar!

Tremolant com una fulla
davant d'ella m'he aturat,
i he fet girar la clau mestra
amb los ulls llagrimejant.

La llum, i l'aire, i la vida
primer que jo s'han fet pas,
i escala amunt, el silenci,
l'he vist fugir esglaiat.

Vers ell mon ombra s'allarga,
lo meu amic més lleial;
i un baf com de sepultura
surt a dar-me el Déu vos guard.

Mon trepig a les llosanes
trenta anys m'ha fet recular:
companyons de la infantesa,
de mi i vosaltres, què ha estat!

Jo us veig amb los cabells rossos
damunt dels ulls embullats,
amb xerradissa d'aucelles,
tan tost rient com plorant.

Sobre les lloses gastades
encara sé els regueralls
per on les bales corrien
i on feia bo de matar.

I sé el lloc on amagàvem
lo carbó de les senyals;
i veig los mossos i els lladres
per sota l'emblanquinat.

De puntetes les escales
he pujat sens respirar,
temorós de que es deixondi
tot un món endormiscat.

Valga'm Déu, quina tristesa
per eixes cambres on vaig!...
Tot me fa carrer i em mira;
fins los mobles, quin posat!

A cada passa que dono
enrera em tinc de girar:
sembla em toquen per l'espatlla
i em parlen de baix en baix.

Crec cada porta que empenyo
que l'obren de l'altra part;
i, ai, darrera de cad'una
la mare em penso trobar!

Per les finestres tancades
sospirs de sol se fan pas;
quan les obro es balandregen
i els vidres cauen trencats.

A dintre la llar negrosa
ni les cendres d'aquell flam;

pertot hi pengen trenyines
com si el fum s'hi hagués glaçat.

Eixa cambra fou la meva;
eixa altra de mon germà.
Si sentís que em cridés ara
com en nits de tempestat!

Somiquejant se'n venia
vora meu per por dels llamps:
"Tapa'm, germanet", me deia,
"Quina basarda que fan!"

L'oració de les tres santes,
"totes vestides de blanc"
jo li deia i s'adormia,
i el tro s'anava allunyant.

A aquesta cambra tan fosca
ni tot just hi goso entrar:
al fons hi ha el llit de mos pares;
Jesús, com sempre, al capçal.

Fins sembla que al llit reposin
aquells que el ser m'han donat;
i fins sembla que respirin;
i fins que es van a girar.

Sóc jo, mos pares, que torno,
i estic trist i em veig malalt!
Més, ai, que a ma veu mateixa
he fugit com un covard!

En cerca d'aire i de vida
per l'escala m'he enfilat:
en sortir a la miranda
ja és lo sol a dins del mar.

Hi ha estesa a l'entorn la vila;
fumegen totes les llars;
los carros de la verema
se'n vénen traquetejant.

Ja no sé veure la casa
de la dona que he estimat:

que blanques arreu les noves!...
i, a dins, quin riure els infants!

Un dia en aquesta pedra
lo nom d'ella hi vaig gravar;
ara la molsa ennegrida
l'ha estrafet i mig borrat.

Hi ha encara un niu de colomes
que mos dits van amoixar:
quan m'hi acosto, de les palles
bot un dragó esparverat.

Tot sol, tot sol a la terra,
i a dintre del pit quins salts!
Quin afany d'estendre els braços,
i de viure i d'estimar!

Oh, que vinga a aquesta casa,
que vinga a menjar mon pa
una parella amorosa
amb fillets eixelabrats.

Jo prou, els pares quan gosin,
los veuré sense mirar;
i els nins, los veuré com juguen,
que em migro per veure infants.

Mes, ai, la dona que enyoro,
la que el pler me va robar,
la que un dia va ser meva,
ella que no vinga mai.

Que d'angoixa em moriria
veient-la amb altre gosant:
o potser, Déu m'ho perdoni,
me tornaria a estimar.

*   *

A la cambra de mos pares
ara sí que hi sóc entrat:
sobre son llit m'agenollo
i prenc lo Crist del capçal.

Mes sento al mig del silenci
com un corc se'l va menjant:

i quan a mon pit l'estrenyo,
cruixint, en pols se desfà!

"CATALUNYA, POBRA MARE..."

Catalunya, pobra mare,
no et sento els glatits del cor!
Qui t'ha vist i qui et veu ara!
Un temps lluitant per l'honor:
avui amb fang a la cara,
cercant només grapats d'or!

Joaquim Maria Bartrina
(Reus, 1850-Barcelona, 1880)

EPÍSTOLA

> *Amaro e noia*
> *la vita, altro mai nulla, e fango é il mondo*
> Leopardi

Amic, si encara ho ets, mon plany escolta;
si sols t'ho dius, si l'amistat antiga,
pel cuc de l'egoisme rosegada,
com tronc corcat en apoiar-s'hi es trenca,
no llegeixis... Mes prou, si ets egoista,
en veure versos llençaràs la carta!

Dubto. Vet-ho-aquí tot. Dubto i no em sento
ni amb voluntat ni amb força per a creure.
Tot lo que miro és fals; mai lo ser íntim
sabré comprendre bé del que aquí em volta.
De l'infinit jo puc llegir els prodigis,
analitzant la llum de les estrelles
que allà d'enllà, en lo cel, brillen perdudes,
i analitzar la llum d'una mirada,
i llegir en lo cor, m'és impossible!

Com no dubtar del món, qui en ell hi troba
solament falsedat i hipocresia?

Renoms brillants se fan amb falses glòries,
com amb cartró daurat se fan cuirasses,
i de lluny tot és or pel curt de vista.
Vergonyós i modest, s'amaga el mèrit,
i atrevida s'eleva la ignorància;
així el que fa poc pes en lo mar sura,
i és en son fons tan sols que hi ha les perles.

Elevar-se! Pujar! Si falten ales,
recordar tothom sap que a les altures
no l'àliga tan sols, també hi arriba
lo reptil, i és prou fàcil arrastrar-se.
I quan, pujat al cim, més ambiciona
encara remuntà's, té sempre el medi
de lograr-ho, rebaixant lo que el rodeja.
I això ho fan tants! I mai ningú els censura:
prou ells tindrien por, si por no fessin!

Altres n'hi ha, de l'ambiciós escala,
que homes de bé pertot arreu se diuen,
i, per debilitat, del crim són còmplices
mirant-lo indiferent. Lligar no saben
la causa amb els efectes, i no veuen
que el mal d'altri en son mal pot transformar-se.
Tranquil mira el pagès que els boscos talen;
no s'hi oposa: al revés, se n'aprofita;
però poc temps després les pluges vénen,
i en la muntanya a l'aigua res detura,
i corre munts avall, i els rius desborda,
i els camps inunda... i el pagès ofega!

Amb sa estranya indolència i apatia
los uns, amb sa malícia els altres, deixen
o fan que la mentida en eix món regni.
Mes lo jovent, què hi diu? Si és l'egoisme
qualitat sols dels vells, com no es prepara
a transformar-ho tot, en bé dels pobles?
Què fa almenys del jovent la part més alta,
la part que per sos títols o fortuna
ha de donar a les demés exemple?

Vestit amb la llibrea de la moda,
ridícula com sempre en sos capritxos,
aquí en teniu un d'ells. De son cap cuida
molt més el perruquer que el catedràtic;
amic de ballarines i toreros,

protegeix sempre l'art, i tots diríem
que és fill d'un monstre acàs, no d'una mare,
segons lo mal que parla de les dones.
Entre visites, jocs, passeigs i teatres,
ni té temps per pensar: treballa sempre...
Aquest és l'"homo sapiens" de Linneu!
Si tots com aquest fossin, fins al dia
del Final no hi hauria al món judici!

En veure com aquest i aquells tants homes,
veritat i virtut, on puc trobar-vos?
Que en lo poble, tu em dius? I on és lo poble?
És la munió de gent que alegre xiscla
i a la plaça de toros té Ateneu?
És la que per carrers i places corre
"Visca la llibertat!" cridant contenta,
i és esclava, primer, de sa ignorància,
després de ses passions, després dels ídols
que, per demà cremar, avui aixeca?

Jo crec que hi ha virtut perquè hi ha vici,
mes no la sé trobar per on la cerco;
potser ho fa que ha fugit de les grans viles,
tan petites per a ella, acostumada
a viure dintre el cor dels homes justos!
I això déu ser. Com la virtut pot veure,
sens que tinga desitjos d'apartar-se'n,
l'espectacle ridícul que a tota hora
les grans ciutats als ulls dels bons presenten?
S'hi veuen sempre els déus del vell Olimpo,
que, d'aqueix desterrats, per aquí volten;
Momo ha tret a Talia dels teatres;
les Muses han plantat quincalleria;
Venus de cap artista és la modelo,
que ara les grans belleses són les Fúries;
Vulcanus fa contentes a les Parques
treballant dia i nit enginys de guerra;
i Mercuri, a la Borsa, que és son temple,
embadalit aguaita com Cupido,
ja sense bena als ulls, treu sempre comptes.

I Cupido fa bé, que sols los homes
amb interès los interessos miren;
i tots, fora de l'or, tots los que en tenen,
no creuen en res més que en si mateixos,
que és creure, per ma fe, en ben poca cosa!

I no hi haurà un remei? És per ventura
un cercle lo progrés, que ara ens retorna,
després d'haver passat segles gloriosos,
al primer estat salvatge d'on sortírem,
com torna al mar pels rius la gota d'aigua
que del mar pujà al cel dintre del núvol?
L'home, que per a unir els llunyans pobles
ha fet esclau el llamp, no podrà un dia
estrènyer la distància, avui immensa,
que hi ha entre el cap i el cor? No podrà treure,
com del carbó el diamant, de l'egoisme
l'amor per a posar-lo en sa corona?

Tant de bo que així fos! Llavors serien
los homes, homes, i les dones, àngels.
Mes per ara no ho són. Si alguna pura
idea o virtut tenen, prest l'esborra
l'egoisme que va creixent, semblant-ne
sos efectes l'efecte d'un incendi,
que el fum embruta lo que el foc no crema.

Ditxós tu! Ditxós tu que en ta masia,
lluny del brogit del món, vius en la calma,
i en eixes nits d'hivern, per mi tan tristes,
prop de la llar d'on los tions encesos
claror i llum escampen per la cambra,
mentre ta dona al nen més petit bressa
cantant dolces cançons, tu a l'altre mostres
a creure en Déu i a respectar els pares;
i el vent, que vol entrar per les escletxes,
rutllant de tos fillets los cabells rossos,
te porta el perfum aspre, que aquí enyoro,
dels reïnosos pins de la muntanya!

Francesc Matheu
(Barcelona, 1851-Sant Antoni de Vilamajor, 1938)

POBRA PÀTRIA!

Nostra pàtria endogalada,
i escarnida, i sabrejada,
catalans, avui veiem;
i la llengua ha de ser muda,

i la mà no pot dar ajuda,
i amb la ràbia continguda,
nostres cors assadollem.

Beguem, beguem,
no ha sonat l'hora encara;
beguem, beguem,
que prou la sentirem!

Com un roure que l'esbranquen,
de la pàtria, ens en arranquen
tot lo noble i fort i gran;
ni els tresors d'antiga herència,
ni els esplets de nova ciència,
ni el treball, ni la consciència,
res per viure ens deixaran.

Beguem, beguem
no ha sonat l'hora encara;
beguem, beguem,
que prou la sentirem!

Nostres naus arraconades,
empobrides i corcades,
van podrint-se dintre el port;
nostra indústria feinadora,
l'han ferida amb mà traidora;
lo Dret vell espera l'hora
com un condemnat a mort.

Beguem, beguem,
no ha sonat l'hora encara;
beguem, beguem,
que prou la sentirem!

Pobra pàtria malferida!
Pobra viuda dolorida!
On hi ha mal com lo teu mal?
En ta sort desesperada,
què espera ara ta fillada?
Quina sang li has enconada,
que no et sap trencà' el dogal?...

Beguem, beguem,
no ha sonat l'hora encara;
beguem, beguem,
que prou la sentirem!

Oh, vindrà, vindrà el dia
que es desperte qui dormia,
i els més sords hi sentiran!
Ah, llavors, tothom alhora,
quin esclat de via fora!
Fins los morts, en sonar l'hora,
de les tombes s'alçaran!

Beguem, beguem,
no ha sonat l'hora encara;
beguem, beguem,
que prou la sentirem!

Apel·les Mestres
(Barcelona, 1854-1936)

"LA NIT ÉS FREDA, SILENCIOSA I CLARA..."

La nit és freda, silenciosa i clara;
      tot dorm. La terra, el cel
reposen en un somni d'agonia,
      lo somni de l'hivern.

Com altres nits, no canta, entre les heures
      que escalen la paret,
l'aire en passar; avui ha emmudit l'aire,
      i les heures també.

La lluna vigilant, la lluna sola,
      parant-se enmig del cel,
me guaita fit a fit; i amb ses mirades,
      serenes i esplendents,

"Has sofert molt", me diu, "jo ho sé de sobra,
      però jo sé igualment
que, encara que poguessis, no voldries
deixar d'haver sofert lo que has sofert."

LA PINEDA

Caminàvem pel bosc, com se camina
per una catedral. Nos internàvem

plens de recolliment, plens de misteri
i parlant en veu baixa

Com a través de cisellada ogiva,
la llum de l'alba entre el brancall passava,
i amb ses irisacions, les negres soques
xapava d'or i grana.

Al cim de cada soca, que emergia
com columna arrogant, de la muntanya,
s'estremia dels pins la verda mesa,
capitell d'esmeragda.

Ocult entre l'espessa nervatura
del brancall ufanós, dormia un àngel,
nimbada de penombra l'àurea testa
i arraulides les ales.

I ha aparegut el Sol. Les flors, obrint-se,
i els rossinyols, cantant, han dit "hossana";
llavores les daurades cabelleres
han sacudit els àngels.

I empunyant amb l'esquerra una viola
i amb la dreta un arquet moll de rosada,
ha preludiat l'himne eternal del "fiat",
despertador de l'ànima.

I creixent amb la llum, que, poderosa,
la terra i cel enamorada abraça,
l'himne del bosc solemnement s'eleva
amb accents de pregària.

S'eleva al firmament; i apar, en fondre's,
una nota, una veu, una paraula,
paraula començada al primer dia
i no acabada encara.

LA BARCA

La donzella baixa al riu
a trenc de l'alba;
entre terra i cel volant,
l'alosa canta.

Mig en terra sobre els joncs,
    i mig a l'aigua,
buida i sola i com dormint
    s'està la barca.

La donzella en arribant
    joiosa hi salta:
"Barquer!", crida, "Bon barquer,
    passeu la barca!"

El barquer no respon pas,
    que dorm encara;
la donzella sobre el banc
    es deixa caure.

Guaita el riu i guaita el cel,
    i les muntanyes;
terra i cel van clarejant,
    del foc de l'alba.

Guaita el cel i guaita el riu
    i escolta l'aigua
que, en veu baixa, sembla dir
    coses estranyes.

La donzella té un desig,
    que l'embriaga:
"Volgués Déu que un cop de riu
    trenqués l'amarra!

Volgués Déu que riu avall
    partís la barca,
riu avall sense barquer,
    ni rems ni amarres!

Volgués Déu que lluny, molt lluny,
    la dugués l'aigua,
lluny, molt lluny, dret a un país
    mai vist encara,

allà on cauen els estels
    quan trenca l'alba,
allà on van perfums de flors,
    cants i rialles!"

Miquel Costa i Llobera
(Pollença, 1854-Ciutat de Mallorca, 1932)

EL PI DE FORMENTOR

Mon cor estima un arbre! Més vell que l'olivera,
més poderós que el roure, més verd que el taronger,
conserva de ses fulles l'eterna primavera,
i lluita amb les ventades que atupen la ribera,
     com un gegant guerrer.
No guaita per ses fulles la flor enamorada;
no va la fontanella ses ombres a besar;
mes Déu ungí d'aroma sa testa consagrada
i li donà per trone l'esquerpa serralada,
     per font la immensa mar.

Quan lluny, damunt les ones, renaix la llum divina,
no canta per ses branques l'aucell que encativam;
el crit sublim escolta de l'àguila marina,
o del voltor qui passa sent l'ala gegantina
     remoure son fullam.

Del llim d'aquesta terra sa vida no sustenta;
revincla per les roques sa poderosa rel,
té pluges i rosades i vents i llum ardenta,
i, com un vell profeta, rep vida i s'alimenta
     de les amors del cel.

Arbre sublim! Del geni n'és ell la viva imatge:
domina les muntanyes i aguaita l'infinit;
per ell la terra és dura, mes besa son ramatge
el cel qui l'enamora, i té el llamp i l'oratge
     per glòria i per delit.

Oh! sí: que quan a lloure bramulen les ventades
i sembla entre l'escuma que tombi el seu penyal,
llavors ell riu i canta més fort que les onades,
i vencedor espolsa damunt les nuvolades
     sa cabellera real.

Arbre, mon cor t'enveja. Sobre la terra impura,
com a penyora santa duré jo el teu record.
Lluitar constant i vèncer, reinar sobre l'altura
i alimentar-se i viure de cel i de llum pura...
     oh vida! oh noble sort!

Amunt, ànima forta! Traspassa la boirada
i arrela dins l'altura com l'arbre dels penyals.
Veuràs caure a tes plantes la mar del món irada.
i tes cançons tranquil·les 'niran per la ventada
     com l'au dels temporals.

A UN CLAPER DE GEGANTS

Salut, claper de bàrbara grandesa.
     que atreus el pensament!
Salut, oh fita del vell món despresa,
qui dels segles afrontes la corrent!

Com és grat a mon cor, que el viure mida
     només amb son batut.
considerar ta colossal bastida
que el compte de centúries ha perdut!

Qui et féu? Quin és ton nom? Quina mà forta
     tes roques aixecà?
Fou dels antics gegants la raça morta
qui per memòria eterna te deixà?

Fóres d'un déu caigut l'ara feresta,
     famèlica de mort?
Guardaves la memòria d'una gesta,
o bé la tomba del guerrer més fort?

Debades mir... No venç la llum del dia
     la fosca del passat,
mes pot volar millor la fantasia
pel buit meravellós de lo ignorat.

Ja veig, entre la boira llunyedana
     dels segles primitius,
damunt la terra pel diluvi blana,
tribus salvatges i guerrers asprius.

I veig coberta de boscatge l'Illa,
     que amb sagrada remor
respon a la del mar, com una filla
de sa mare respon a la clamor.

Guaitar me sembla com la nit sagrada,
     aquí, sobre ton mur,

feia estremir la roja flamarada
que foc donava al sacrifici impur.

I mir com puja a la fatal foguera
        lligat un jovencell.
I con un jai de llarga cabellera
branda terrible son sagrat coltell...

Mes passa la visió, i altres ne vénen
        del dubte en la negror:
veig pobles qui lluitant aquí s'estenen
i sent de les passetges la remor.

I veig guerrers qui, mig desnús, combaten
        damunt ton caramull,
mentres uns altres a ton peu s'abaten
com les ones del mar contra un escull.

*   *

Vell claper, vell claper, qui tes canteres
        pogués ara llegir!
Qui interrogar podés tantes osseres
que el llaurador remou i fa flórir!

Tu veus passar les races fent onades
        del temps en la corrent,
immòbil com la roca que debades
socava l'aigua del febrós torrent.

Vell eres ja quan sa paret primera
        alçava aquí el romà,
i ha mil anys que sa morta polseguera
a tos peus la ventada rossegà...

I així veuràs passar la nostra vida,
        i d'altres ne veuràs.
Caurà nostra Babel ja derruïda
i tu encara soberg t'aixecaràs.

Per això venc a veure't algun dia,
        claper mai derruït.
Aquí, on sembla que el temps ja no fa via,
pren millor sa volada l'esperit.

CALA GENTIL

Sobre la cinta de blanca arena,
que besa una aigua de cèlic blau,
grans pins hi vessen a copa plena
olor de bàlsam, ombra serena,
        remor suau...
Oh dolç estatge de bellesa i pau!

Un aquí hi troba la llum més clara,
les colors vàries de to més viu;
pura delícia de tot s'hi empara,
i sol o lluna mostrant la cara,
        tot hi somriu...
Oh de mos càntics inefable niu!

Per puigs i serres s'acaramulla
frondós boscatge de verd etern,
que eixa floresta de vària fulla
la tardor trista mai la despulla
        ni el fred hivern...
Oh paradís que apar al món extern!

Si aquí s'acosta qualque mal dia
de nuvolades amb negre estol,
sols hi du tendra melancolia,
com una verge sense alegria
        que en pau se dol...
Oh bon refugi de callat consol!

Aquí, ben jove, pensí abrigar-hi
un niu d'humana felicitat;
després la tomba vaig somniar-hi
a on tindria, més solitari,
        repòs més grat...
Oh lloc per vida i mort fantasiat!

És que en la calma de tals paratges
tan dolç és viure, veure i sentir,
i vora l'aigua de purs miratges,
al ritme eòlic d'aquestes platges
        tan dolç dormir!
Mes jo tal sort jamai dec posseir.

Què hi fa? D'aquesta cala opalina
prou el misteri n'hauré gustat,

mentre ara, a l'hora que el sol declina,
m'hi sent confondre dins la divina
       serenitat...
Oh dolç moment! oh glop d'eternitat!

A HORACI

Príncep afable de la docta lira,
mestre i custodi de la forma bella:
tu qui cenyires de llorer i murtra
       doble corona,

ara tolera que una mà atrevida
passi a mon poble la que amb tal fortuna
tu transportares al solar de Roma
       cítara grega.

Aspra i ferrenya sonarà en ses cordes
fines la llengua de ma pàtria dura;
mes, també noble hi sonarà: ma pàtria
       filla és de Roma.

Filla de Roma per la sang, pel geni,
clara i robusta com sa mare antiga,
guarda en ses terres per llavor de glòria
       cendra romana.

Sí: dins sa terra el cavador atònit
ossos i marbres i joiells hi troba,
armes, monedes i penons que ostenten
       l'àguila augusta.

Bella ma pàtria és ademés. Viuria
sens enyorança tan divina Musa
dins eixa terra que cenyeix la blava
       mar de Sirenes.

Illa és galana, a on el sol de Grècia
brilla puríssim, i d'ardenta saba
pròdig, li dóna amb lo raïm alegre
       l'àtica oliva.

Deixa, doncs, ara, que dins ells evoqui
clàssiques formes, i l'antiga Musa,

just amb sos propis ornaments, ma pàtria
    veja somriure.

Ara que folla l'invocada Fúria,
febre als poetes inspirant, ungleja
l'arpa plorosa, i entre fang destil·la
    fonts d'amargura,

oh! com enyora mon afany les clares,
dolces fontanes del Parnàs hel·lènic!...
Mestre, amb ta bella, cisellada copa,
    deixa-m'hi beure.

Deixa que tasti la sabor antiga
que omple tes odes i dins elles dura
com un vi ranci de Falern que guarden
    àmfores belles.

Nèctar poètic amb què el cor s'anima,
febre i deliris d'embriac no dóna;
dóna la calma de l'Olimp, la sana
    força tranquil·la.

Qui de tal nèctar troba el gust, no cerca
l'or, ni les armes, ni el domini frèvol:
l'art és sa vida, que entre goigs o penes
    guarda segura.

Ah! Pugin altres a palaus que habiten
grogues les ànsies amb l'afany hidròpic,
negres ensomnis que en un llit de plomes
    posen espines.

Vagen al fòrum, on febrosa turba
crida i s'empaita disputant la presa
que la Fortuna dins la pols humana
    llança per riure.

Puga jo, a l'ombra del natiu boscatge,
seny i bellesa agermanar, oh artista!,
seny i bellesa que amb ta lira formen
    digna aliança.

Sí: que a tes obres el bon seny, Horaci,
guia la dansa de gentils estrofes,

tal com Silenus, el vell gris, guiava
dansa de nimfes.

Elles ben àgils i formant corona
donen al ritme la lleugera planta:
riuen les Gràcies, i se sent l'efluvi
d'alta ambrosia.

Joan Alcover
(Ciutat de Mallorca, 1854-1926)

DESOLACIÓ

Jo só l'esqueix d'un arbre, esponerós ahir,
que als segadors feia ombra a l'hora de la sesta;
mes branques una a una va rompre la tempesta,
i el llamp fins a la terra ma soca migpartí.

Brots de migrades fulles coronen el bocí
obert i sense entranyes, que de la soca resta;
cremar he vist ma llenya; com fumerol de festa,
al cel he vist anar-se'n la millor part de mi.

I l'amargor de viure xucla ma rel esclava,
i sent brostar les fulles i sent pujar la saba,
i m'aida a esperar l'hora de caure un sol conhort.

Cada ferida mostra la pèrdua d'una branca;
sens mi, res parlaria de la meitat que em manca;
jo visc sols per a plànyer lo que de mi s'és mort.

LA RELÍQUIA

Faune mutilat,
brollador eixut,
jardí desolat
de ma joventut...
Beneïda l'hora
que m'ha duit aquí.
La font qui no vessa, la font qui no plora,
me fa plorar a mi.

Sembla que era ahir
que dins el misteri de l'ombra florida,
tombats a la molsa,
passàvem les hores millors de la vida.
De l'aigua sentíem la música dolça,
dintre la piscina guaitàvem els peixos,
collíem poncelles, caçàvem bestioles,
i ens fèiem esqueixos,
muntant a la branca de les atzeroles.

Ningú sap com era
que entre l'esponera
de l'hort senyorívol,
fent-lo més ombrívol,
creixia la rama d'antiga olivera.
Arbre centenari,
amorós pontava la soca torçuda,
perquè sens ajuda
poguéssim pujar-hi.
Al forc de la branca senyora i majora
penjàvem la corda de l'engronsadora,
i, venta qui venta,
folgàvem i rèiem, fins que la vesprada
la llum esvaïa de l'hora roenta,
de l'hora encantada.

Somni semblaria
el temps que ha volat
de la vida mia,
sense les ferides que al cor ha deixat;
sense les ferides que es tornen a obrir
quan veig que no vessa,
ni canta ni plora la font del jardí.

Trenta anys de ma vida volaren de pressa,
i encara no manca
penjat a la branca
un tros de la corda de l'engronsadora,
com trista penyora,
despulla podrida d'un món esbucat...
Faune mutilat,
brollador eixut,
jardí desolat
de ma joventut.

RECORD DE SÓLLER

Amic, teixiu aquesta visió de la infantesa...
Ja coneixeu la vila d'ombrívols carrerons,
la rica vall de Sóller, entre serrals estesa,
on totes les vivendes tenen un hort al fons.

Era senyor de casa el somni de la sesta;
la posadera em feia senyal de que emmudís,
posant-se el dit als llavis; una verdor xalesta
pel portaló guaitava com auri paradís.

L'hort m'oferí refugi, dosser la verda branca
del taronger; en l'herba me vaig tombar; l'eixam
d'insectes, com espurnes, brunzia per la tanca,
i em feia pessigolles al front l'espès herbam.

Eren les verdes tiges profunda columnada;
filtrava, arran de terra, l'esguard per allà endins;
dansaven les corol·les de fulla acarminada,
com baiaderes entre pilars esmaragdins.

Llavores un misteri per mi se va descloure,
torbant la fonda calma del cor adolescent:
entrà una joveneta amb els cabells a lloure,
que un raig de sol feria com nimbe resplendent.

Amagatall cercava per treure's una pua
del cos; a totes bandes girà l'ull inquiet;
s'alçà la falda roja, mostrà la cama nua
que més amunt tenia una blancor de llet.

Mon cor, davant la casta nuesa, va suspendre
son ritme; una calrada bullenta vaig sentir;
l'esglai que sentiria la bergantella tendra
que es creia tota sola, si s'adonés de mi!

I el nin va tornar home... ¿Quin esperit dins una
espina de figuera de moro va saltar
a l'abscondit ivori de l'Eva, tan dejuna
de dar-me el fruit de l'arbre simbòlic a flairar?

Mai més l'he retrobada; i veig com aquell dia,
fa quaranta anys, la nina que no em coneix tampoc
i el món d'una edat nova inconscient m'obria,
incendiant la porta sense percebre el foc.

Amic, teixiu aquesta visió de la infantesa,
vós que caceu libèl·lules en la presó del rim,
vós que preniu les ales amb tanta subtilesa
que no se perd un àtom del matisat polsim.

COL·LOQUI

La Musa

¿Per què de mi et recordes
i a l'harpa d'altre temps les mans allargues,
i, tot mullant les cordes
de llàgrimes amargues,
com pluja d'estels d'or
solquen els rims la fosca de ton cor?

El Poeta

És mon desig que un raig de poesia
il·lumini mes llàgrimes; voldria
trobar al fons de l'ànima quelcom
d'eixa punyent i fonda melodia
que fa aturar tothom,
perquè en la pietat dels qui passessin
i el càntic escoltessin,
com a l'entorn del violí qui plora
demanant caritat en nom de Déu,
duràs almenys sobre la terra una hora
la vida de mos fills, que fou tan breu.

La Musa

La plenitud de vida no comença
ni arriba l'home a sa virilitat
sens que fermenti en l'ànima el llevat
de la íntima sofrença.
Sia ton cor el ferro espurnejant,
damunt l'enclusa del dolor, sonant.

El Poeta

A mos infants no tornarà la vida
el broll de foc i el ritme dels martells
sobre el metall de l'ànima enrogida;
no em plany de ma dissort, els plany a ells.
      Si a l'espona del llit,
quan se glaçava el cos, quan l'agonia
      els ulls enterbolia
del jove moribund, li haguessin dit
de part de Déu: —Minyó, te'n vols anar?...
ell, què hauria respost? —Me dol deixar
ma família, la terra a on nasquí;
és prest; la vida riu; eixa amarganta
copa de fel, decanta-la de mi;
jo me somet, ta volunta és santa;
però, si et plau, Senyor, deixa'm aquí...
No pogué ser; i se tancà la porta
de ma casa, una nit, sens que ell tornàs,
i el duien a romandre al mateix vas
      de sa germana morta.

La Musa

Mes tu deus a la vida ton tribut.
¿No sents l'host qui se canta a si mateixa,
i avança menyspreant la multitud
dels morts que tomben i els ferits que deixa?

El Poeta

Mai la vegí tan bella com és ara,
      la vida d'aquest món,
que d'un encís crudel tota s'amara
per a parlar-me dels que ja no hi són.
      Plorar!... També plorava
Jesús davant la tomba de l'amic.
Ran de la fossa com un arbre estic,
      que hi beu tota la saba.

La Musa

Mes, l'arbre ha de fruitar

> Jo vull que l'oli
> del fruit amarg, com espremuda oliva,
> cremi tot en la llàntia que aurioli
> dels dos adolescents la imatge viva.
> Si la força del geni m'és estranya,
> tan gran com ell s'aixeca mon dolor,
> i jo puc llavorar l'alta muntanya
> per esculpir-hi un monument d'amor.

Joan Maragall
(Barcelona, 1860-1911)

ESCÒLIUM

Com dos que enraonant van de costat
tot caminant per un camí partit,
l'un pel caire del marge assolellat
i l'altre a baix pel bac tot ensombrit,
Adalaisa i el poeta s'han parlat,
cos i esprit ell, mes ella tota esprit.

Adalaisa

Ai! Quina angúnia aquest camí!
Tan fosc, tan fosc i tan de mal seguir!
Veiés almenys el sol i les muntanyes,
les coses resplendint sota el cel blau,
i no pas aquest llimb de veus estranyes
sens forma ni color... Digues, Arnau:
qui és aquest que per la trista via
nos va menant con ombres sens virtut?
Prou serà algun poeta que somnia
el somni de l'eterna inquietud.

El Poeta

Vius la vida veritable
de l'esprit, i encara et dol?
Camines a l'immutable...

Adalaisa

No hi ha res com veure el sol!
Doncs tu treu-nos a la via
de les coses corporals,
bon amic, baldament sia
per patir-hi tots els mals.
Mal la llum ens enlluerni,
mal el so ens deixi atuïts,
mal el cos tot se'ns inferni,
patint amb tots els sentits,
jo vull la vida primera,
veure, oir, gustar, tocar:
jo no en sé d'altra manera
ni cap altra en vull provar.

El Poeta

La vida que tu ara ansies
és la gran resurrecció.
Prou no et fóra la que havies,
però l'altra encara no.

Adalaisa

Doncs tu bé te n'acontentes,
de la vida que ara tens.

El Poeta

Si jo puc veure al bell través del món
lo que per tu és un pur goig o turment,
sí que de la meva vida estic content,
perquè dins d'ella dues vides són.
Mes si aquest ésser fos descompartit
i mos sentits restessin corporals,
jo més m'estimaria abandonà'ls,
per a ésser, com tu, sols un esprit.
No ara, que tot canta en mes entranyes
i que tinc muller pròpia i que tinc fills
i que en el cim de les pairals muntanyes
hi ha un crit de renaixença entre perills.
De l'amor i la lluita és la meva hora

i em calen braços per aimar i lluitar.
Tot lo que tinc m'ho vull, i pit i fora...
Mes, què sé jo lo que voldré demà?

Adalaisa

Ditxós de tu, que pots voler amb veu viva
i que ets a temps a pendre i a deixar,
i tens a casa la muller captiva
que et dóna fills i filles a estimar.
Però, digues com fou que la trobares
i a on florí l'amor i a on granà;
digue'm de com les dones tornen mares
en aquest món on mai haig de tornar.

El Poeta

En una vall del Pirineu molt alta
un estiu la vegí per primer cop;
no la vegí sinó després molt veure-la,
perquè té la bellesa molt recòndita,
com la viola que embalsama els boscos.
Mes ara jo l'he feta rosa vera
del meu jardí, i a més ha estat fruitosa,
perquè Déu beneïa ses entranyes
moltes voltes, i alguna doblement.
I els fruits ja no li caben a la falda,
i roden pel trespol, i són formosos.

Com són acostumats al bes mos llavis
i els ulls a mirar avall cap als petits,
i a doblegar-se el cos per a estimar-los
més de prop, i aixecar-los en mos braços
cap al cel, prò tenint-los ben fermats!
Cada bes en cada un té el seu gust propi:
mai he besat a dos d'igual manera,
però a tots dolçament, perquè són dòcils
a l'esguard maternal que a sobre els vola
amb aquell seu imperi ferm i suau.
Ella me'ls agombola tot el dia
i me'ls vetlla de nit, fins adormida,
oh son de mare, que vigiles més
que tot altre vetllar!... Mes, de què plores,
Adalaisa, que et sento dins la fosca?

Adalaisa

Ah! Tingués jo els ulls oberts a llum del dia,
d'altre crit, d'altre modo ploraria.
El xiscle esgarrifós de la partera,
com de bèstia ferida, em fóra grat;
i el fill que duc per vies tan estranyes,
sortiria ensagnat de mes entranyes,
i jo riuria amb riure com d'orat.
¿Què em faria el dolor, ni què, el desfici,
ni tot el temps passat de sacrifici,
ni les congoixes, ni el perill de mort,
si de la vida me trobés com centre,
i sentís com l'infant, després del ventre,
morat d'ofec encara, arrenca el plor!

El Poeta

Bé la conec la vostra fortalesa
quan, regalant suor, la cara encesa,
solt el cabell, com astre radiant,
al sortir de la brega gloriosa,
nos doneu l'abraçada furiosa
i vostre bes ressona com un cant!
Llavores que el marit, més fred que el marbre,
tremola encara com la fulla a l'arbre,
dret al costat del llit tempestejat,
i ajagudes vosaltres, sens memòria,
embriagades per la gran victòria,
el rebregueu al pit, —volent més fort combat...
Mes ara tu, Adalaisa, ¿què somnies
de tenir un fill, si ja no ets d'aquest món,
i en el món que ets no hi calen fills ni filles,
perquè els esprits lo que han de ser ja ho són?

Adalaisa

I, què saps tu ni d'aquest món ni d'altres
ni de lo que és un cos o un esprit,
ni lo que un gran desig pot en nosaltres,
restant en l'últim ai! del nostre pit?
Tu em tens per morta i jo em tinc per viva;
mes tal com si enterrada viva fos,
tinc el voler de mos sentits furiós,
perquè hi ha alguna cosa que me'l priva.

Si no me la pots traure de damunt,
de què us val, doncs, poetes, la poesia?

El Poeta

Alguna veu jo sento en aquest punt
que d'altre modo no la sentiria.

Adalaisa

Oh! La veu sense so del que és difunt!
No és pas aquesta la que jo voldria:
aquella eixida de mon pit de carn
que alegrement entorn me ressonava:
aquella, amic, és la que jo et deman,
i lo demés que amb ella es comportava.
I si ta poesia no pot tant,
si no em pots tornar al món, calla i acaba.

El Poeta

Adalaisa, Adalaisa, per pietat,
al temps hi ha encara coses no sabudes;
la poesia tot just ha començat
i és plena de virtuts inconegudes.
Mes ara tens raó, prou hem parlat,
esperem en silenci altres vingudes.

HAIDÉ

Ella digué son nom: llavors la vella,
que li era a la vora, va dir: —Per quin sant és?—
I respongué l'amiga amb els ulls riallers:
—Això rai!, tant se val, la santa és ella.—

I

Ella és la santa d'ella perquè és bella,
i Déu li ha fet la gràcia de llençar llum entorn;
ella és el sol del seu propi jorn

i de sa nit l'estrella.
I té la gràcia al cos tan abundanta,
que en ella naix i mor tot lo que fa:
ella és el cant, si canta,
ella és la dansa, si li plau dansar.
I com que del dansar n'és tan amiga,
el meu seny la veu sempre que graciosament
ondula el seu bell cos sense fadiga
com creat en l'encís del moviment.
Els meus ulls van seguint-la mentres dansa
obedients al pas del seu cos bell;
i si reposa, tot me meravell
com si es trenqués la llei de sa criança.
Mes llavors, en la llum del seu mirar
i de ses galtes fortament rosades,
i en l'onada del pit a l'alenar
i el repòs de ses formes tan amades,
retrob el ritme que creguí perdut
i a mon esprit per sempre s'hi reposa
com en una absoluta beatitud.

II

Ella de sa hermosura és generosa
i me'n féu tot el do que jo en volia.
M'ha donat sa paraula graciosa
alenanta de prop, que m'invadia.
I les mirades dintre les mirades,
el pit tot somogut, la galta ardenta,
parlàvem amb les boques inflamades
de qualsevulga cosa indiferenta.
La paraula sols era la musica
del gran voler que el pit ens agitava:
jo resseguint sa cara, tan bonica!
ella en mos ulls veient com m'inundava.
I talment la inundà l'ànima meva
de sa bellesa la potenta onada,
que en alçar-me ubriac de vora seva
i trobar-me privat de sa presència,
ja no trobí en son lloc ma consciència,
enduta per la forta rierada.

SOLEIADA

En una casa de pagès hi havia
una donzella que tenia
els disset anys d'amor; i era tan bella,
que la gent d'aquell vol
deien: "És una noia com un sol."
Ella prou la sabia
la parentela que amb el sol tenia:
que cada matinada
per la finestra, a sol ixent badada,
l'astre de foc i ambre
li entrava de ple a ple dintre la cambra,
i ella nua, amb delícia,
s'abandonava a la fulgent carícia.
De tant donar-se a aquestes dolces manyes
va ficar-se-li el sol a les entranyes,
i ben prompte sentia
una ardència dins d'ella que es movia.
"Adéu, la casa meva i els qui hi són:
jo prenyada de llum me'n vaig pel món."
De tots abandonada,
va començar a rodar per l'encontrada.
Estava alegre com l'aucell que vola,
cantava tota sola,
cantava: "Só l'albada
que duc el sol a dins i en só rosada.
Els cabells me rosegen,
els ulls me guspiregen,
els llavis me rubiegen,
en les galtes i el front tinc el color
i al pit la gran cremor:
tota jo só claror contra claror."
La gent que la sentia
s'aturava admirada i la seguia:
la seguia pel pla i per la muntanya
per sentir-li cantar la cançó estranya
que l'anava embellint de mica en mica.
Quan ella va sentir-se prou bonica,
va dir: "M'ha arribat l'hora."
Va parar de cantar, i allà a la vora
entrava a una barraca que hi havia.
La gent que a l'entorn era
sols veia un resplendor i sols sentia
el gemec poderós de la partera.
De sobte, les clivelles

del tancat van lluir igual que estrelles.
De seguit s'aixecà gran foguerada,
tota la gent fugia esparverada,
i en la gran soletat només restava
un nin igual que el sol, que caminava
i deia tot pujant amunt la serra:
"Jo vinc per acostar el cel a la terra..."

ODA NOVA A BARCELONA

—On te'n vas Barcelona, esperit català
que has vençut la carena i has saltat ja la tanca
i te'n vas dret enfora amb tes cases disperses,
lo mateix que embriagada de tan gran llibertat?

—Veig allà el Pirineu amb ses neus somrosades,
i al davant Catalunya tota estesa als seus peus,
i me'n vaig... És l'amor qui m'empeny cap enfora,
i me'n vaig delirant amb els braços oberts.

—Oh! detura't un punt! Mira el mar, Barcelona,
com té faixa de blau fins al baix horitzó,
els poblets blanquejant tot al llarg de la costa,
que se'n van plens de sol vorejant la blavor.
I tu fuges del mar?...
                        —Vinc del mar i l'estimo,
i he pujat aquí dalt per mirar-lo mellor,
i me'n vaig i no em moc: sols estenc els meus braços
perquè vull Catalunya tota a dintre el meu cor.

—Altra mar veus enllà, encrespada i immòbil,
de les serres que riuen al sol dolçament:
per copsar tanta terra i tanta mar, Barcelona,
ja et caldrà un pit ben gran, amb uns braços ben ferms.
—Com més terra i més mar, i més pobles obiro,
a mesura d'amor el meu pit s'engrandeix,
i me sento una força que abans no tenia,
i sóc tan tota una altra que fins jo em desconec.

—Corre enllà, corre enllà, corre enllà, Barcelona,
que ja et cal ésser una altra per ésser la que deus;
perquè ets alta i airosa i fas molta planta,
però bé et falta encara molt més del que tens.
Ets covarda, i crudel i grollera,

Barcelona, però ets riallera
perquè tens un bell cel al damunt;
vanitosa, arrauxada i traçuda:
ets una menestrala pervinguda
que ho fa tot per punt.

Alces molts gallarets i penons i oriflames,
molts llorers, moltes palmes,
banderes a l'aire i domassos al sol,
i remous a grans crits tes espesses gentades,
per qualsevulga cosa acorruades
entorn de qualsevol.

Mes, passada l'estona i el dia i la rauxa
i el vent de disbauxa, de tot te desdius;
i abandones la via i la glòria i l'empresa,
i despulles el gran de grandesa.
I encara te'n rius.

Te presums i engavanyes alhora
amb manto de monja i vestit de senyora
i vel de la musa i floc relluent;
prò mudes de pressa, i amb gran gosadia
la musa i la nimfa i la dama i la pia
s'arrenca el postís i la veu disfressada,
i surt la marmanyera endiablada
que empaita la monja i li crema el convent...
I després el refàs més potent!

Esclata la mort de tes vies rialleres
en l'aire suau:
esclata impensada, i segura i traïdora
com altra riallada escarnidora...
Riallades de sang!
El fang dels teus carrers, oh Barcelona!
és pastat amb sang.
I tens dreta en la mar la muntanya, ai! que venja
amb son castell al cim, i amb la revenja
mes ai! en el flanc!

Tens aquesta rambla que és una hermosura...
i tens la dolçura dels teus arravals,
on, tan prop de tes vies sonores
i al mig de les boires del fum i ses marques,
camps de blat en la pau dels patriarques
maduren lentament els fruits anyals.

I allí, a quatre passes, febrosa de sobres,
més ampla que l'altra, la Rambla dels pobres
tremola en la fosca ses llums infernals.

Prò ni el baf ni la pols de tos llots i desferres,
ni els pals i filferres
que t'armen a sobre la gran teranyina,
ni el fumar de tes mil xemeneies,
ni el flam de les teies
que mou la discòrdia i abranden l'incendi,
són bastants a posar vilipendi
en aquest cel que tens tan dolç i blau
que tot s'ho empassa i resol i canvia,
i ho torna en oblit i consol i alegria:
mil cops la perdessis,
mil cops més tornaria a tu la pau.

A la part de Llevant, místic exemple,
com una flor gegant floreix un temple
meravellat d'haver nascut aquí,
entremig d'una gent tan sorruda i dolenta,
que se'n riu i flestoma i es baralla i s'esventa
contra tot lo humà i lo diví.
Mes, en mig la misèria i la ràbia i fumera,
el temple (tant se val!) s'alça i prospera
esperant uns fidels que han de venir.

Tal com ets, tal te vull, ciutat mala:
és com un mal donat, de tu s'exhala:
que ets vana i coquina i traidora i grollera,
que ens fa abaixar el rostre
Barcelona! i amb tos pecats, nostra! nostra!
Barcelona nostra! la gran encisera!

"NODREIX L'AMOR..."

Nodreix l'amor de pensaments i absència,
i així traurà meravellosa flor;
menysprea el pas de tota complacència
que no et vinga per via del dolor.
No esperis altre do que el de tes llàgrimes
ni vulles més consol que els teus sospirs:
la paraula millor la tens a l'ànima,
i el bes més dolç te'l daren els zefirs.

Mai seria l'aimada en sa presència
com és ara en la teva adoració.
Nodreix l'amor de pensaments i absència,
i així traurà meravellosa flor.

CANT ESPIRITUAL

Si el món ja és tan formós, Senyor, si es mira
amb la pau vostra a dintre de l'ull nostre,
què més en podeu dar en una altra vida?

Per això estic tan gelós dels ulls i el rostre
i el cos que m'heu donat, Senyor, i el cor
que s'hi mou sempre... i temo tant la mort!

Amb quins altres sentits me'l fareu veure,
aquest cel blau damunt de les muntanyes
i el mar immens i el sol que pertot brilla?
Deu-me en aquest sentits l'eterna pau
i no voldré més cel que aquest cel blau.

Aquell que a cap moment li digué "Atura't",
sinó al mateix que li dugué la mort,
jo no l'entenc, Senyor; jo que voldria
aturar tants moments de cada dia
per fe'ls eterns a dintre del meu cor!...
O és que aquest "fer etern" és ja la mort?
Mes llavores la vida què seria?
Fóra l'ombra només del temps que passa,
la il·lusió del lluny i de l'a prop
i el compte de lo molt i el poc i el massa,
enganyador, perquè ja tot ho és tot?

Tant se val! Aquest món, sia com sia,
tan divers, tan extens, tan temporal;
aquesta terra, amb tot lo que s'hi cria,
és ma pàtria, Senyor; i no podria
ésser també una pàtria celestial?
Home só i és humana ma mesura
per tot quant puga creure i esperar:
si ma fe i ma esperança aquí s'atura,
me'n fareu una culpa més enllà?
Més enllà veig el cel i les estrelles
i encara allí voldria ésser-hi hom:

si heu fet les coses a mos ulls tan belles,
si heu fet mos ulls i mos sentits per elles,
per què aclucà'ls cercant un altre *com?*
Si per mi com aquest no n'hi haurà cap!
Ja ho sé que sou, Senyor; però on sou, qui ho sap?
Tot lo que veig se vos assembla en mi...
Deixeu-me creure, doncs, que sou aquí.
I quan vinga aquella hora de temença
en què s'acluquin aquests ulls humans,
obriu-me'n, Senyor, uns altres de més grans
per contemplar la vostra faç immensa.
Sia'm la mort una major naixença!

Miquel del Sants Oliver
(Campanet, 1864-Barcelona, 1920)

ELS REFUGIATS DE 1810

De la Marqueseta que ha vingut d'Espanya,
pensativa i gràcil, entre els fugitius,
la cintura es vincla tal com una canya
          vora els regadius.

A la bella Cíntia canten melancòlics
uns pastors del Betis, fidels al vell art;
mes ja no li plauen els jardins bucòlics
          a la Fragonard.

Sona en ses paraules una gràcia nova,
la veu se li entela d'estranyes llangors;
d'uns temps que s'acosten la dolçura prova
          i les amargors.

De l'antiga Arcàdia fuig la pastorel·la
vers edats futures de pressentiment,
fermades les brides del capell Pamela,
          la túnica al vent.

Sobre les espatlles se tira una xarpa
que, en cercles graciosos, l'oratge remou.
Llegeix a Richardson i sap polsar l'arpa
          com Clarissa Harlowe.

Sap cantà' a la lluna, com la vaporosa
Desdèmona a l'ombra d'un salze morent,
àries de Paisiello i de Cimarosa,
        d'amable caient.

Sap els infortunis d'Oscar i Malvina;
de Young l'extasien les Nits, d'alt horror;
i estrafà el desvari musical de Nina,
        la folla d'amor.

D'un mal que comença l'esperit exhala,
d'un segle decrèpit sent rompre el desglaç;
i plora, nocturna, del plorar d'Atala
        i el pobre Chactàs!

RAMBLA VELLA (Palma)

Passeig melancòlic, llarg passeig amic,
com una avinguda de dibuix antic,
com una alameda de litografia,
plena de silencis i de poesia,
plena de pedrissos i de soledat...
Ja passa una vella, ja passa un soldat.

Els arbres segueixen el llit d'un torrent
vorejat de tàpies i hortes de convent:
oh passeig benigne per llegir el diari,
per resar les hores amb un breviari,
per fondre en ensomnis i meditació
o fer una admirable bona digestió
tot sentint que toquen vespres o matines
així les Tereses com les Caputxines!
Dins l'ombra, les fulles un alè commou
que un encís escampa de vou-veri-vou:
record de frescura d'una aigua passada
pel solc de l'antiga riera colgada
        que entrava sonant,
que entrava resolta, bullent i saltant.
Un noble silenci a tot crit contesta
i les veus fluctuen nedant en la sesta;
clamen endebades uns quants venedors
per la plaça morta sense compradors,
per la pobra via, callada i deserta,
que els difunts saluden, en una hora incerta,
        camí del fossar.

215

Cap a l'hora baixa vés-hi a passejar.
Vés-hi, com una ombra de la nit entrada,
pels carrers ombrívols de la cantonada,
poblats de llegendes i de patis grans
que els fanals endolen mig agonitzants:
carrers de noctàmbul, d'aire expiatori,
amb llantions que cremen sota un Purgatori,
i horts tancats que envien celestial perfum,
i botigues fredes sense foc ni llum.
      Vés-hi en aquella hora
dels desmais que tomben i la font que plora,
quan a les estrelles riuen els jardins
i un encant se n'entra per l'ànima endins;
vés-hi, en les primeres fredors autumnals,
voltat de plujoses quietuds espectrals,
quan la tramuntana forceja les portes
i el tropell aixeca de les fulles mortes.

Del passeig romàntic és ara el moment.
La misantropia, l'enamorament,
el dol taciturne, la febre, el desvari,
corpresos se senten del lloc solitari
per on de vegades transita a gran pas,
amb un vell paraigua subjecte del braç,
una pensativa llanguida figura
d'home que es passeja per la raó pura,
deixant, per una hora, l'estudi i l'alberg:
tal com passejava Kant a Koenigsberg.

II. LA POESIA CONTEMPORÀNIA

Guerau de Liost
(Olot, 1878-Barcelona, 1933)

EL PLA DE LA CALMA

L'àrida calma ondula com un immens desert.
El sol, a frec de terra, com borralló s'hi perd.
El cel fulgura plàcid: s'estén per l'infinit
com nítida llacuna de cignes blancs. La nit
assotja àvidament darrera les Agudes.
La lluna plena surt d'afraus inconegudes
i gesticula immòbil, sanguinolenta d'ira.
D'uns carboners apunta, cingles avall, la pira.
En la monotonia dels rasos hi pasturen
les solitàries vaques: de tant en tant s'aturen
i exhalen un bruel de cara a l'establia
llunyana. D'una boira minúscula es desnia
la tremolor. De cabres, ovelles i crestats
alhora s'acorruen per entre els espadats
pacífiques ramades. La polseguera immunda
amb sa ferum de llana la comarcada inunda.
I, enmig del remolí, bracegen els pastors,
i xiulen de les fones els rocs udoladors
que a voltes camatrenquen o escapcen qualque banya
ja consentida. Aborden amb alegria estranya
de subaltern els cans d'atura malcarats.
Mes per damunt la insòlita negror dels espadats
i de la vasta calma de serenor divina,
la Creu de Matagalls perdura gegantina.
I les ramades salten, rostos avall, de dret.

De Coll-Pregon arriben sobtadament al net.
El sol ja s'ha perdut. La llum s'ha fos. La lluna
s'ha tota esblanqueït i perfilat com una
donzella a qui l'edat torna gentil, prudent.
I la corona tot l'estol del firmament.
Ja envolten el corral de sinuós teulat.
Ja el ramat és a dins. La porta s'ha tancat
i pel llindar balder traspua el color groc
que escampen els tions des de la llar de foc.

PÒRTIC

Bella Ciutat d'ivori, feta de marbre i or:
tes cúpules s'irisen en la blavor que mor,

i, reflectint-se, netes, en la maror turgent,
serpegen de les ones pel tors adolescent.

L'ivori té la gràcia d'un marbre constel·lat
d'aurífiques polsines, com una carn d'albat.

Bella ciutat de marbre del món exterior,
esdevinguda aurífica dins un esguard d'amor!

Ets tota laborada amb ordenat esment.
Et purifica el viure magnànim i cruent.

I, per damunt la frèvola grandesa terrenal,
empunyaràs la palma del seny —que és immortal.

DE COM GUERAU DE LIOST TORNA HIPOTÈTICAMENT A LES ANGOIXES DEL PARTERATGE I SUCCESSIVES SEQÜELES

Com dèbil nadaló de pit em só tornat.
Em sento embolcallat, faixat i agarrotat.
Les puntes d'una gorra que em tapa les orelles
m'irriten amb llur frec constant les dues celles.
Del meu recent bateig tinc un record difús.
La capa era feixuga. Brodat era el barnús.
Només recordo la quieta llum del ciri
de la padrina, groga com un pistil de lliri.

I tinc la vaga idea que si jo em dic Guerau
serà perquè s'ho deia l'avi patern. La nau
del temple era com una antiga, immensa cova,
i jo com una gota de calç encara nova.
Quan del bressol m'ofega la rígida estretor,
contemplo la boirina flotant del pavelló.
A voltes sento encara l'esforç del parteratge
i em reblaneixo com un diminut formatge
sols de pensar-hi. Mai hauria dit que tan
pesada tasca fos la de lliurar l'infant.
Encara és més feixuga, potser, la meva tasca.
De la ferum innoble de llet em ve una basca.
Quan la gibrella miro, l'esponja, l'alcofoll,
la llevadora, els pèbets, tremolo com un poll
qui de la pròpia closca encara porta engrunes
Ai Déu! i les veïnes comares importunes
qui, en rotlle, aspecten àvides la meva nuditat
i tracten de posar-me als llavis citronat
i amb una rialleta, fent trufa del martiri,
per unanimitat recepten un clistiri.
Si, d'esguardar-les, ploro, veig que la gent somriu.
Si m'esvaloto, diuen que sóc un argent viu.
Quan ma petita testa en el coixí descansa,
encara experimento una altra esgarrifança:
la freda coïssor del no tenir cabells.
A voltes m'acaronen, donant-me bons consells,
i sento en la flonjor penosa de mon crani,
d'un vell senyor les ungles d'un gruix extemporani.
Quan sóc als braços de la dida, tan petit
em trobo, que em sufoca la mola de son pit,
i em sembla que gambejo d'alguna gegantassa
per les carenes de les cuixes, per la plaça
de les colrades galtes, per la ufanosa vall
dels llavis, devinguda, al riure, xaragall.
I les besades que em llatzeren, masculines,
de renadiues barbes amb les naixents espines!
I les besades sorolloses i mordents
de les comares, fetes amb llavis, llengua i dents,
que em superposen cercles humits damunt la cara!
Mes, quan em deixen sol, una gran por s'empara
de tot mon ésser; i tremolo com el fus
de qualque filadora qui, engargussada, tus.
Els ulls se m'esbadoquen davant les escomeses
infanticides de fosforescents urqueses,
de la penombra eixides com d'un alè de llac.
Talment com dins la gola balmada d'algun drac,

dins el bressol em miro. I m'és la cruixidera
dels mobles com el ritme fatal d'alguna ossera.
Dins cada pica sento de l'aigua el degotís.
El sostre marca els passos d'algú d'un altre pis.
I, sibil·lant, m'arriba un llum encès d'escala.
I es balandregen les cortines com una ala
de rat-penat enorme. I avancen en legions
arnes, mosquits, aranyes, mosques i escarbatons.
I, esbalaït, sospito que, al sostremort, les rates
de claveguera juguen amb unes grans sabates
de la besàvia i les roseguen febrilment.
I guspireja la fogaina que s'encén.
I dins la cambra giravolten les penombres
arrossegant en llur seguici les escombres
i la vaixella i les cadires... I el palmó
llarguíssim bat la llarga barana del balcó.
Al manco si els rellotges de casa companyia
em fessin tots, amb una discreta melodia
cantant-me la non-non!... I encara veig al lluny
la vida que m'espera. Fatídica s'esmuny
com una torbonada. M'esperen tres caigudes
del llit, i les etapes —en part esdevingudes—
de quatre dides i tres interinitats,
i dotze mainaderes amb altres tants soldats,
i el vèrbol, els brians, la rosa, la verola,
i els lletovaris fets amb una gran cassola,
i les untures i els emplastres al carpó,
i en el ventrell alguna tela de moltó,
i el bavejar constant i les eternes sopes,
i aquell sentir-me —Guerauet, mira que topes!—
i aquell escarpidor de banya, i els petits
peücs com irrisòries sabates, i els confits
dosificats amb una monòtona prudència,
i aquell trobar-me, unànim, de tota ma ascendència
els rastres fisonòmics i aquell samfoniment
a causa d'algun àpat quan és la mare absent.
Suportaré els endèmics elogis d'escaleta
deixant-me dir, per la Mundeta i la Ciseta,
"hereu de casa" i altres motius sentimentals.
Només —ai!— de pensar-hi, em vénen tots els mals
no relatats encara... Oh! Sigues-me propici,
mon Àngel tutelar, i treu-me aquest desfici
de ser petit de fora i massa vell de dins...
Què sento?... L'Àngel parla al so dels violins
d'una cohort angèlica d'alades caramelles.
—Oh tu, Guerau! Abans serà de les estrelles

perduda l'harmonia dins l'èter primitiu;
abans damunt les aigües del mar serà el caliu
d'un continent, flotant com hòrrida sargassa,
que tu esdevinguis un infant. La vida passa
i ja no torna més. Reporta't, doncs, si et plau,
i pensa que no ets altre que el cavaller Guerau,
qui és mullerat fa temps, i és celebrat poeta,
i és un misser honorari qui empunya l'escopeta
joiosament i caça amb èxit qualque pic,
qui és pobre de cabals i de projectes ric,
qui deambula amb varis companys cada migdia,
qui es pensa ser un infant només perquè somnia...—

ODA AL PIADÓS BARÓ PERFET

Sortosa la nissaga que té un baró perfet!
    Cada obra d'ell apar millor que totes.
La llum divina el ruixa, metòdica, a raig fet,
    la llum que els altres copsaran a gotes.

Ell sa fillada, càustic i alhora idíl·lic, mena
    (a cada banda un rengle de perills).
I encara als ulls li posa, asèptica, una bena,
    car res a aprendre no tindrà dels fills.

Ell nuarà el Decàleg de son proïsme al coll
    com un collar de pues salvatgines.
Els pecadors capbussa, irat, a l'aiguamoll
    per suca-mulla d'àvides beguines.

Armada, si no d'ales, d'un rafegut bigoti,
    la dida seca d'*alter ego* té.
Massa amb els xics farien, ingràvids, poti-poti
    els àngels de la guarda; i no convé.

L'estudi porta cua, la cama ensenya l'art,
    i, la política, l'orella.
No hi ha com el no viure. L'home que es lleva tard
    no es pica el dit ni es cremarà la cella.

No blasmaria el luxe: un diamant és sòlid
    fins entelat de pols.
Els mobles són un límit. ¿Qui jugaria a "bòlit"
    dins una casa que en té molts?

Mesura pel domèstic estrenes i consells
  després que la soldada regateja.
Patern, arrecerava col·legues a parells
  amb un retòric paravent d'enveja.

La hisenda, amb sos escrúpols, arrodoneix, invicte.
  Al seu molí totes les aigües duu.
Fins endolceix a estones el to del veredicte,
  car la virtut és ser madur.

Per l'ànima seguici, de clergues té un estol,
  i fins hi juga a cartes.
I pel carrer tolera, ja que no hi va tot sol,
  que la muller porti un abric de martes.

Si el Crist un dia truca, li allargarà una almoina
  per una escletxa del cancell.
Ves què faria a casa, si el món ara va en doina,
  de massa bo que és Ell!

Vindrà l'apoteosi de terra i cel estant?
  Segur que a l'altre món farà patxoca.

(Ai que la bugadera li passarà al davant
  i esbullarà, davant de tots, la troca!)

Josep Carner
(Barcelona, 1884-Brussel·les, 1970)

1714

Oh valentia funeral del setge,
bandera que esparraca el foraster!
En terra jau, nafrat, el banderer;
la mort arriba que el seu mal li metja.

Cau la ciutat. El fratricidi petja
un vell destí mentre que el nou ja ve.
La boira fuig pel foradat carrer
com una glassa dolorosa i lletja.

Sinistre sona, travessant les places,
el martelleig d'unes feixugues passes.
El vent se'n du la cendra de les lleis.—

Homes callats, coberts de sang i sutge,
alcen l'esguard impenitent, que jutja:
poble vençut que sobreviu als reis.

HORA BAIXA DE DESEMBRE

Escampall que va enfosquint-se
oh sang erta del ponent,
més enllà d'un flat de vent
i el brancam que se n'esquinça!

¿Què s'ha fet la poesia
i el delit de llibertat?
El carrer de la ciutat
amb ses ombres m'angunia.

Cada espectre maleït
és imatge de mes penes:
só la vella amb les mitenes
i amb l'esguard esbalaït;

só el monòton fanaler
dins la boira on estossega;
só la cabra que rosega,
lenta i lassa, un vil paper.

A LA FORTUNA

En mar un altre cop, oh Sobirana!,
més que jo poderosa en el capritx.
Mena a ponent, llevant o tramuntana:
obeeixo sens ira ni desig.

Oh deessa d'efímera petjada!
Cercant d'estalviar-te els meus retrets,
em feres, amb l'encís de ta mirada,
el cor disseminat, els ulls distrets.

Folla, tens una llei de saviesa,
voluble, tornes a trobar el camí;
no perds d'albir la vall de la vellesa
i el palau subterrani sense fi.

223

Qui t'és fidel, que dolçament perilla!
Príncep inútil, desvagat hereu,
cerca d'endevinar-te en la cruïlla
i no perd esperances en el freu.

Vas a ton grat i no tinc por de caure
de ta passa tan lleu en seguiment;
de ton vel irreal segueixo l'aura
amb una mena d'embadaliment.

I tot i que ets del Vent i de la Lluna
filla inconstant, veneraré ton nom,
frèvola, forta, fluctuant Fortuna,
que em fas sol, dolçament, entre tothom.

ILLA

Oh penyalar sobre camins que dansen,
illa, sobtada solitud, prodigi,
castell en mar, que mira, fonedissos,
el núvol, el vaixell! No pas que et manqui,
ni mai l'aturis, el rosec dels dies.
En tos covals, les ones fan esquerda,
el braç Cap-a-la-Terra se t'escurça,
i els teus pins s'escabellen, temorosos
de l'ahuc de les mòbils fondalades.

Tu i jo dempeus! I baldament s'escaigui
que juguem algun cop a estrangeria
(hàbit com és que fins l'amor destrïi),
tu i jo plegats! Des la naixença meva
que vetlles el meu bleix; tu m'inventares
formes, colors, perquè em vagués de viure.
I en veient-me descloure les parpelles,
goses, cada matí, de viure encara.
No tingués jo matins, ¿qui et refaria?

Els meus sentits, d'encantament emplenes:
el vent, vestit de pols, brinat d'escuma,
el cel, amb el folcat que hi fa rodona,
el vell Proteu, musicador dels canvis,
la vida, pressa d'alenades vanes,
el foll delit que dins la sang arboren
les soles lluentors de la parença

i la virtut, arreu desassistida,
provant l'espai amb el seu angle d'ales.

Tot és senyal, i cap senyal no dura.
¿Què mai podries tu, penya vermella,
dins de la grapa universal del trànsit,
ni que fos ver el teu posat de roca,
certitud de pendissos i d'arestes;
ni que no fossis illa imaginària,
feta, refeta i habitada en somnis,
bastida amb el record i l'impossible,
sols al meu esperit commensurable?

Illa tres voltes! Perquè tens un ròdol
enllà de tot, que em crida i no em contesta,
i un altre, fet de comitives d'ombres,
i un, a tocar, de boires i complantes.
I ja mos ulls s'obliden de la terra,
i la ressaca entre mos dits s'escola,
i el tot enyoro que en la llum traspunta,
del mig estant d'una insabuda cala,
centre d'un arc que em protegeix i em lliura.

Que avui el sol, quan davant meu davalli,
em trobi encara a punt per a guarir-me
un focarret, ull tendre de la fosca,
última feina d'horabaixes. — Illa,
¿quan dormirem el son irrevocable?
Oh si poguessis, ja mai més feixuga,
com un vaixell vogar per les tenebres,
sense indici de solc en el silenci,
els pals guerxats, però la vela viva!

NABÍ
(fragment)

Tot era al món començament i joventut.
La mar mirallejava només per a un llagut.
Jo veia l'or del dia que sobre la mar s'escola.
En una cala, prop d'un pi, la negra gola
m'havia tirat a l'eixut.
Sentia olor de sal i olor de ginestera;
lluïa al sol un home pel turó
i anava a jeure en el tendal d'una figuera;

un fuminyol pujava damunt d'un cabanó.
—Ací, vaig dir, jo restaria
com l'arbre, com el roc. —Però la Veu vingué:
—Vés a l'esclat de Nínive, Jonàs, no passis dia:
plegats, tu arribaràs i Jo diré.

I em vaig alçar. Del roc l'ardència,
del pi l'aroma m'ignoraven el posat.
S'esvaïa tot tracte del lloc amb ma presència
com si ja hagués pres comiat.
Son gust d'embadalir perdia la mar blava;
mudà el jaient un núvol com si l'esquena em des;
sentia l'aire que es desficiava
i la mota de pols em deia: —Vés.—

I en aquell punt vaig ésser
com picat d'escurçó diví:
em va sobtar i em va garfir,
em va corprendre i consumir
la pressa.
En delerosa caminada,
sota l'assolellada
em retornava el brot de romaní;
i en fosquejant, quan em sentia deixondir,
em redreçava el cap l'amor de l'estelada
on era escrit el manament diví.
De mon trigament en revenja
feia com l'home que d'un sol neguit és ple:
dormir com qui no dorm, menjar com qui no menja,
fer via sense veure, sentir sense saber.
Era ma força i ma sola esperança
el mot que Déu m'havia dit.
I aquell mot repetia dia i nit
com un amant llaminejant amb delectança,
com un infant que va cantant per por d'oblit.
Cap arbre no em parava, cap casa no em prenia,
tot quant topava era darrera meu llençat,
i caminava nit i dia:
no veia més que pols roent o fosquedat.
Mon viatge en xardor, perill, dejuni
durà de pleniluni a pleniluni,
i l'esperó diví feia mes plantes lleus.
Amb res mos ulls no feren pacte
ni va tenir ma boca tracte:
soldat complint un manament exacte
no s'entrebanca de lligams ni adéus.

Però tantost la quarta lluna era passada,
malaltia cruel fou mon camí:
si deturava un punt la caminada,
no em sabia tenir.
Vermelles del sol les parpelles,
mes passes eren cada cop menys amatents;
empolsegades la barba i les celles,
feixuges les espatlles i mos badius ardents.
Les coses avinents semblaven en llunyària,
s'esgarriava l'esma dins la cremor del cap;
mon peu sagnava; malgirbaven llur pregària
el tèrbol seny, la llengua eixuta com un drap.
I vaig sentir un matí que la claror del dia
dintre ma testa feia com l'abellot que brum,
i ma mirada al raig del sol s'agemolia,
malrecaptosa de la llum.
Volia tot pensant: —Iahvè t'espera—,
refer-me en nou delit;
però topant en pedra travessera,
a terra vaig trobar-me, colgat en polseguera,
i no sabia com alçar-me, estamordit.
—¿Fuig Nínive de mi? —vaig saber dir-me encara;
i per fer-me, batut, un poc de nit,
entre les mans vaig recerar la cara.

Darrera meu un vell descavalcà d'un ruc.
—Alça't! Qui cau, si no s'aixeca, algú l'enterra.
Un covenet de figues i una verra
porto a ciutat. Mai no l'has vista? Malastruc,
puja a cavall de l'ase. Poc tires per feixuc!
D'ací s'albira el lloc per on el riu àferra
la gran ciutat que talla i ascla i serra,
i abat les fites en el món poruc.
Ací l'home de cor occeix, empala, aterra;
els himnes de triomf són obra de l'eunuc.
Totes les arts acalen el front davant la guerra
car és l'espasa jove i l'esperit caduc.
I dels mercats emplenen seguidament el buc
amb saques precioses la gent de coll feixuc;
i vénen dones de tota la terra,
les més perfectes en pit i maluc.
Assur és immortal, i el món una desferra.—

Ma testa amb pena es redreçà.
D'una torta del riu dellà
blanquejaven casals per la vorada;

i jo, de tort, com bèstia ferida, amb la mirada
que ho veia tot rodar,
vaig alçar el braç amb virior desesperada
del darrer pòsit de mon cor arrabassada:
i malversant-hi un any de vida vaig clamar:
—Quaranta dies més i Nínive caurà.

SALM DE LA CAPTIVITAT

Cada mirada nostra és entelada;
cada mot nostre, esclau.
Cada dia atueix les nostres vides
qui ens mena amb jou per odi de la pau.

Oh Déu que ens assabentes amb el càstig!
Que el so del nostre plany et sigui dolç.
Els teus servents amen llurs pedres
i es compadeixen de llur trista pols.

Refés els nostres dies amb saba d'esperança;
cruel és tot poder si ton esguard en fuig;
que et resti obedient qui se't confia:
serà desfet qui es deia armat pel teu enuig.

Tu que, excel·lint en pietat els jutges,
salves d'una mirada el condemnat,
redreça la desferra del que fórem,
dóna'ns penyora de benignitat.

El temps de prova dura una diada,
ton càstig, una nit.
Mai no serà tot temps sotraguejada
la terra que has bastit.

Soni la nostra veu, que ara ens ofeguen,
en càntic immortal.
Salva, a l'abric de renaixents columnes,
el nostre clos pairal.

I que l'or de la teva solellada
consoli les afraus, coroni el cim
quan ton alè ens retiris
i encara ens facis terra d'aquella d'on venim.

Josep M. López-Picó
(Barcelona, 1886-1959)

INVOCACIÓ SECULAR
(fragment)

L'alè de Déu la nuditat perfila
com la ventada austera del cel cast.
Salut, Adam; salut, grapat d'argila,
repòs de Déu content del seu abast.

Salut, primer. La delectança clara
et desplegava sense haver sofert,
del si de la claror, com de la mare,
tu que venies amb l'esguard despert.

Salut, Adam creat, viril presència
del cel ventós pasmat del vent i pur,
batut de llum: alada impaciència
del cant que frisa per omplir l'atzur.

Salut, Adam, aquell que una vegada
sentir podia el primer cant d'ocell
i, cap al tard, sabent de la jornada,
igual dormia com si ja fos vell.

Salut, Adam. Per tu la llum novella
amunt alçà l'alosa per l'espai.
Per tu la nit guardava el rou d'estrella
de l'ímpetu del cel tornat desmai.

Per tu la valentia i la nuesa
el joc obriren, nou, al pensament;
tu, seriós de tanta jovenesa
que la figura et fou contentament.

Salut, formós, Adam, que perpetues
amb el respecte, ni submís ni curt,
la meravella de les coses nues
dins ta mirada sense afany ni surt.

Tu saps mirar i no mous l'escampadissa
d'indrets i formes que descompartís
el teu desig. Tu saps els noms; ni es frissa
l'agilitat d'anomenar, feliç.

Salut, Adam, feliç, l'atzur al rostre
i la volada cantadora al cor,
padrí dels noms de la natura nostra
abans de la tristesa i del record.

Salut, Adam, sortós, sense ironia
perquè no tens enrera teu passat.
Salut, perplex, perquè ja saps que el dia
és gràvid del fatic del teu pecat;

i sents la melangia decebuda
de l'hora baixa amb divagar insegur,
i al cor i al pensament troben cabuda
les vaguetats que han envilit el nu.

I, de costat, damunt del cor, somnies,
que el gest del son la nuditat vestís,
tu, que el pecat t'ha despullat els dies,
tu, vergonyós d'enyor del Paradís.

Josep Sebastià Pons
(Illa de Riberal, 1886-1962)

VALL CLOSA

A la vall closa del poeta,
de matinada hi canta el vent,
i entre les pedres, la fonteta,
amb un delit inconscient.

Allà, quin bàlsam porta l'hora!
El sol n'és l'hoste benvolgut,
oh, soledat inspiradora,
on mou la pluja un cant perdut!

Nostra finestra és blaupintada.
A estones brilla un mirallet
de fusa antiga i ben daurada
en la blancor de la paret.

I vas torcint emmirallada,
sobre el teu front, l'aire senzill,

ta cabellera humitejada,
i espessa com un camp de mill,

mentre la pluja al lluny remulla
la grogor fina d'un teulat,
i murmureja tota fulla,
inspiradora soledat.

PARPELLA D'OR DEL VESPRE

Parpella d'or del vespre, la tardor
a enrogir la vall fina vindrà encara,
i no en veurà la resplendor
ella que ha fet ma vida clara.

Pacte callat de fulles i de vent
on cada tarda el món s'ordena
entre el repòs i el moviment,
ritme suspès que l'aire mena.

Ara ella és sense veu i sense alè,
i en cada vena el seu record murmura,
passat més pur en el no-res
d'ésser el present absència pura.

EL SOMNI D'UN MATÍ

El somni d'un matí de primavera
no té paraula i no el podria dir.
Contra tota raó mon cor espera.
L'amor sense l'amor vol reverdir.

En aquest clot de riba, amor, venies.
És tot cintat de plata i d'abandó.
Bàlsam de romeguera, oblit de dies,
ignorància del pas del segador.

Ara és poblat de ton absència, llisa
com la terra i la pedra del camí
i el respirar distret que té la brisa.
El sanglot de la font sembla dormir.

La imatge blanca és fosa en la parpella,
desert de l'aire on la traça la mà.
Oblida el que no sigui el record d'ella.
El temps és massa pur per s'escolar.

Clementina Arderiu
(Barcelona, 1889-1976)

EL CAMÍ

Camí que em menes i mai no ets igual,
ara la vall i les verdes pastures
deixes enrera, i travessar et cal
l'hort dels raïms i les pomes madures,
dels reguerols per on l'aigua s'esmuny,
i de les molses amigues i gerdes;
l'hort que suara jo veia tan lluny
i l'ull m'omplia de tremolors verdes.
Camí que em menes, quan surtis de l'hort
¿seràs encara suau com ets ara,
o en la muntanya t'enfilaràs fort,
o t'abatràs en la pendissa avara?
¿Seràs potser a l'altra banda finit
i ja els meus passos podrien comptar-se?
Camí que em menes i encara ets florit,
camí que has pres la meva joia esparsa
i dels teus marges fidels l'has cenyit:
ara que el peu és llisquent i les hores,
el teu finar no em doldria ja pus,
que el dolç amat s'enllaçava a mes vores
i amb un mateix caminar te'ns enduus.

ARBRES

Sóc amb vosaltres, arbres folls en la nit,
sento que el vent us té desperts i us força.
Jo també vetllo, perquè em puny el delit
d'interrogar en aquest concert ferotge.
Trona i llampega. Mare meva del cel,
quina cortina d'aigua viva tan fosca!
El vers comença, fa un caminar rebel,

torça i retorça, que vol eixir al defora.
Els arbres baten i jo estic a aixopluc.
Van les preguntes cap al dia amb les hores.
Deixo fer el vers, ja no sé què més puc
sinó escoltar que el temperi redobla.
Demà, rentats i amb les fulles lluents,
—passat el vers per un sedàs d'aurora—
podrem reprendre els col·loquis ardents,
arbres gentils d'escabellades tofes.

Carles Riba
(Barcelona, 1893-1959)

"T'HA ENQUIMERAT LA GRÀCIA FUGITIVA..."

T'ha enquimerat la gràcia fugitiva
d'un desig i ara ets deserta, oh ment.
Ai soledat sense dolç pensament
i foll traüt sense paraula viva!

Però ¿què hi fa, si dins el teu oblit
la inquietud pregonament perdura?
Encara el goig sobre la carn s'atura
duent l'anunci d'algun cant no dit.

I ell és el foc sagrat que et perpetua
damunt les cendres del desolament;
no vulguis calma en ton oblit, oh ment,
oh folla que has gosat mirar-te nua.

"FUGES, QUAN PER HAVER-TE..."

Fuges, quan per haver-te
donaríem, en una nit obscura,
l'estel que riu, armat, en un tombant,
i en una mar incerta,
un port daurat de vinyes al voltant,
i en un silenci d'odi, el cant
d'una noia pura.

Ens deixessis almenys,
oh bella altiva, un somni dolç de tu

entre els ulls i la visió infinita
del món! Però ens estrenys
amb soledat, presoners de la fita
mirada teva, que l'habita
de lluny, sense tu.

Però si fossis nostra,
si daves —uns instants només— tos braços
al nostre coll, cenyint l'ardent engany
de creure encès ton rostre
per un amor com el que d'any en any
hem après — fet de dolç afany
i de tristos passos;

si te'l lliuràvem — tan
silenciosament atresorat! —
¿quina força immortal ens restaria,
deslligats de l'encant,
per ressorgir damunt la febre impia
i l'animal malenconia
i la soledat?

"QUE JO NO SIGUI MÉS..."

Que jo no sigui més com un ocell tot sol,
ales esteses sobre un gran riu
per on davallen lentes barques de gent que riu
a l'ombra baixa del tenderol,
i el rai que el muntanyec mig nu, enyoradís,
mena amb fatiga cap a ciutats
que estrenyen l'aigua lliure entre molls oblidats
d'haver-hi comes verdes amb arbres i ramats
i un cloqueret feliç.

La vida passa, i l'ull no es cansa d'abocar
imatges clares dintre del cor.
...Tot en mi torna somni: nuvolet d'ombra i d'or
que flota i fina lluny de la mà.
Qui endinsa en el seu cor com un minaire avar,
qui de recança ulls clucs es peix,
tenen més que no jo, que estrany a mi mateix
i alt sobre els altres, guaito l'ona incessant com creix
i minva cap al mar.

¿Quin moviment humà pot encara desfer
        l'encant, llançar-me sang i sentits
a la presa, que és nostra, afanyada, entre els dits,
        o al cant, que d'home a home va i ve?
¿O ha d'ésser mon destí el de l'ocell reial
        que un tret, per folga, tomba del cel,
i l'aigua indiferent l'endú, vençut rebel,
cobrint-se amb l'ala inútil els ulls buidats d'anhel,
        sense un plany pel seu mal?

"GLÒRIA DE SALAMINA VERMELLA
EN EL MAR DE L'AURORA..."

Glòria de Salamina vermella en el mar a l'aurora!
        Adormits en el vent de Queronea, xiprers!
Esplendor per als ulls o malencònica estampa,
        crit d'arribada o foc sota la cendra d'un nom,
llocs! la meva presència amb cor violent us completa,
        mots! la meva veu assedegada us fa plens.
Si en el meu cos carnal solament un triomf inefable
        va poder-me engendrar contra la nit i el no-res
(entre els braços del pare, oh mare de la llum i en la Gràcia,
        pura presa en el pur començament dels meus anys!)
no calia victòria amb humiliació de reialmes
        ni importava un ponent buit de la fuga i la sang,
perquè fos deixada en el solc incansable dels segles
        la furiosa llavor per al meu ésser civil.
El que fou necessari i bastava, és que uns homes sentissin
        com no hi ha fast més dolç que ésse' i gustar-se un mateix;
simplement, subtilment, sabessin com no hi ha inútil
        cap esperit, si creix lliure en la seva virtut;
que per podè' esdevení' el que volien llurs déus, en la forma
        viva del que eren ja des de l'arrel de llurs morts,
consentissin a fer-se, ells diversos! iguals en les armes,
        persuadits per la llei, ells que es dictaven les lleis,
i a la força més forta que estreny o que inunda, oposessin
        la raó que es coneix i l'escomesa viril.
Homes que vau mesurar i acomplir accions més que humanes
        per merèixer l'orgull d'ésse' i de dir-vos humans,
jo em reconec entre els fills de les vostres sembres il·lustres:
        sé que no fórem fets per a un destí bestial.
La llibertat conquerida en l'apassionada recerca
        del que és ver i el que és just i amb sobrepreu de dolor,
ens ensenyàreu que on sigui del món que és salvada, se salva

per al llinatge tot dels qui la volen guanyar;
i que si enlloc és vençuda i la seva llum és coberta
    per la tempesta o la nit, tota la terra en sofreix.
Sí, però l'esperança meravellosa traspassa,
    crida, més real que la tenebra o l'estel
—ossos decebuts i l'heroica pira en el vespre
    desesperat — per a molts sembla d'antuvi una fe;
sols que té menys espera i arrenca de tots els exilis
    cap al seu crit, i els batuts van retrobant-se soldats.

"LLAVORS HE DIT: CREIXENÇA DE LA TERRA..."

Llavors he dit: "Creixença de la terra,
Déu pur, jo sóc cap al Teu moviment.
Tal meu instant renova obscurament
un paradís que per l'arrel m'aferra;

com si m'omplís, sense el saber que esguerra,
l'honor del Fruit, i no rebel, vivent
del buf diví que em forma i em distén,
ja en mi salvant, futura, la desferra,

jo coronés de mi tot animal,
oh Tu que els fins preserves contra el mal,
Autor joiós a Qui tot goig s'eleva!

Deixa'm servir-Te en el que se m'enduu,
conèixer-Te en el que m'és fosc de Tu,
créixer en la carn que per l'ànima és meva!"

ELS TRES REIS D'ORIENT
(fragment)

Dormen tots tres sota una sola capa;
    han menjat, han begut,
    de savi cor beatament rigut
amb camellers i pòtols al taulell de l'etapa.
    Per cada nit, inconfortable pont,
passen cap a un nou dia amb reial paciència;
    un poc de llur closa ciència
cau dins el temps obscur que corre sota el son.
Dues llunes i escaig, més o menys ben comptades
    — vindrà que ja no comptaran —
    hauran així de llurs mirades

abolit la tristesa d'estar sempre lligades
pels nombres i pels mots sabuts per endavant.
    Els estels havien fins ara
marcat la xifra erta d'un destí o d'un estil,
    presidit una vetlla clara;
    aquest, sense ésser allò que es diu gentil,
atreu estranyament, com un amor que empara
    tot semblant que allunya la cara.
    Fan via els tres; sol, però, cadascun
amb imatges humanes que brusques obsedeixen
des dels anys exhaurits i dolçament cedeixen...
    La terra és broixa al llarg del riu profund.
      Els camellers rondinen
    i els secretaris abominen
de no saber tanta esperança on va.
Déu, però, en cada instant, és un pur començar.

Joan Salvat-Papasseit
(Barcelona, 1894-1924)

   NADAL

Sento el fred de la nit
           i la simbomba fosca.
Així el grup d'homes joves que ara passa cantant.
Sento el carro del apis
         que l'empedrat recolza
i els altres qui l'avencen, tots d'adreça al mercat.

Els de casa,   a la cuina,
             prop del braser que crema,
amb el gas tot encès han enllestit el gall.
Ara esguardo la lluna, que m'apar lluna plena;
i ells recullen les plomes,
          i ja enyoren demà.

Demà posats a taula oblidarem els pobres
—i tan pobres com som—.
            Jesús ja serà nat.
Ens mirarà un moment a l'hora de les postres
i després de mirar-nos   arrencarà a plorar.

"COM SÉ QUE ES BESA…"

Com sé que es besa
la besaré

SOTA LES VELES LA CAPTINDRE

MARSEILLE PORT D'AMOUR

NOTRE DAME DE LA GARDE PRIEZ POUR NOUS

"oh viens tout près de moi
puis pose avec émoi
tes lèvres sur ma bouche
—dans un baiser farouche
je serai toute à toi!

qui no vigila —corsari ve i li pren l'aimia

corsari ve i li pren l'amor

RESA UNA NOIA EN MON BATELL:

marineret

si no li duia cap cançó—

RES NO ES MESQUÍ

Res no és mesquí
ni cap hora és isarda,
ni és fosca la ventura de la nit.
I la rosada és clara
que el sol surt i s'ullprèn
i té delit del bany:
que s'emmiralla el llit de tota cosa feta.

Res no és mesquí,
i tot ric com el vi i la galta colrada.
I l'onada del mar sempre riu,
Primavera d'hivern —Primavera d'istiu.
I tot és Primavera:
i tota fulla verda eternament.

Res no és mesquí,
perquè els dies no passen;
i no arriba la mort ni si l'heu demanada.
I si l'heu demanada us dissimula un clot
perquè per tornar a néixer necessiteu morir.
I no som mai un plor
sinó un somriure fi
que es dispersa com grills de taronja.

Res no és mesquí,
perquè la cançó canta en cada bri de cosa.
—Avui, demà i ahir
s'esfullarà una rosa:
i a la verge més jove li vindrà llet al pit.

Josep M. de Sagarra
(Barcelona, 1894-1961)

"VINYES VERDES VORA EL MAR..."

Vinyes verdes vora el mar,
ara que el vent no remuga,
us feu més verdes i encar
teniu la fulla poruga,
vinyes verdes vora el mar.

Vinyes verdes del coster,
sou més fines que la userda.
Verd vora el blau mariner
vinyes amb la fruita verda,
vinyes verdes del coster.

Vinyes verdes, dolç repòs,
vora la vela que passa;
cap al mar vincleu el cos
sense decantar-vos massa,
vinyes verdes, dolç repòs.

Vinyes verdes, soledat
del verd en l'hora calenta.
Raïm i cep retallat
damunt la terra lluenta;
vinyes verdes, soledat.

Vinyes que dieu adéu
al llagut i a la gavina,
i al fi serrellet de neu
que ara neix i que ara fina...
Vinyes que dieu adéu!

Vinyes verdes del meu cor...
Dins del cep s'adorm la tarda,
raïm negre, pàmpol d'or,
aigua, penyal i basarda.
Vinyes verdes del meu cor...

Vinyes verdes vora el mar,
verdes a punta de dia,
verd suau de cap al tard...
Feu-nos sempre companyia,
vinyes verdes vora el mar!

LA BALADA DE LUARD, EL MARINER

Luard és una pell socarrimada,
i és una llengua que no tasta gras;
clatell pelut, i la gorra enfonsada,
fins al nas;
samarreta de plom, cul de cabàs.
Quatre dents que s'escapen, vironeres,
d'un trosset de bigoti atapeït,

ulls amb un pam d'ulleres,
i unes ungles més negres que la nit.
Luard, cos rebaixat, fortor d'esquer,
peus seguidors de totes les tresqueres,
cridaire, mentider i home de bé,
Luard, el mariner!

Més sec que el boll, més pobre que una rata,
entre els xiulets i les cançons s'esmuny;
si peta la batussa i la bravata,
no correrà molt lluny;
li fan por el ganivet i el cop de puny;
més avesat a somniar i a riure,
no està per fressa el mariner Luard,
i si li deixen una bóta lliure,
per ell no es fa mai tard.
Si el cor de les misèries se li estripa,
amb un traguet ja ha posat oli al llum;
grata amb les ungles un rebrec de pipa,
que és sutja i queixalades i ferum,
i va xuclant el fum!

Tot aclofat en el seient de boga,
palpa les cartes amb els cinc sentits:
el rei, l'as, i el cavall i la groga
li fugen dels dits;
i dringa el coure en els taulells podrits.
Amunt, Luard! La sort és rosa i grisa;
ja en tens per una veta del calçat
o un pedaç de camisa!
Luard, ara has perdut i ara has guanyat!
I si les peces són de migra o d'upa,
Luard, sempre fa un sol entrellucat;
i després que estossega i que xarrupa,
diu cargolant les cartes amb la mà:
Sí, mira! Va com va!...

Luard, vinga buidar un sac de mentides,
de colors blau marins i virolats,
de cares amb cent ulls i pells humides,
i fets desllorigats;
i se l'escolten tots bocabadats.
Conta un calvari d'escorpions i penes
fonedisses del greix,
i la perla del pit de les sirenes
i aquells misteris platejats del peix.

De tot l'encís ell va tastant les vores;
per dir-ne moltes no té el bec covard,
i l'aiguardent va amorosint les hores,
i no hi ha orella-fart,
per parar oïda al mariner Luard.

Quan s'ha desfet el feix de nuvolades,
i encar tremola esfereït al cel,
un tall de lluna amb dotze queixalades,
mig blanc d'angúnia i mig daurat de mel,
Luard, desfent el tel
de la taverna, que el sentit li esborra,
camina cap al mar un si és badoc,
s'estira com un gos damunt la sorra
i canta una tonada a poc a poc...
Diu coses dolces de Marianneta,
coses coents d'un rei i un bordegàs,
i una cançó de xiscles d'oreneta,
de rems d'argent i veles de domàs,
amb una veu de nas.

I avui tot ple d'unes mentides vives,
per sempre s'ha adormit a dins del port;
els llavis i les dents i les genives
d'una dona de mar blanca de cor,
li han endolcit les hores de la mort!
Els pescadors l'han dut sota una vela,
amb un aire sorrut i compungit;
li han clos aquelles nines de mostela
i li han creuat les mans damunt del pit...
Demà tota la joia serà muda,
hi haurà una mica de llebeig covard,
i un gustet amargant a la beguda,
i un plor de campaneta cap al tard,
pel mariner Luard.

EL CEMENTIRI DELS MARINERS

Quan la passada del vent afina
la tarda tèbia del mes d'agost,
penges com una morta gavina
dalt de la pedra grisa del rost.

Des de les blanques parets estretes
veus una mica de mar només;
i encara et poses tot de puntetes,
blanc cementiri dels mariners.

Ningú, que els vespres a tu s'atansa
per la drecera magra dels horts,
dirà, quan vegi l'esquena mansa,
que ets el pacífic hostal dels morts.

No et dignifiquen l'antiga esquerda
de les costelles màgics xiprers;
només et volta la vinya verda,
blanc cementiri dels mariners.

És una vinya plana com totes,
ni tu l'esveres, ni pensa en tu;
dels ceps li pengen les fràgils gotes
tornassolades del vi madur.

Aquelles bèsties, que sol haver-hi
en la pelada pau dels costers,
se't fan amigues sense misteri,
blanc cementiri dels mariners.

Tant a les clares, com a les fosques,
res de basardes, res de perills:
tots els migdies zumzeig de mosques,
tots els capvespres desmai de grills.

I a trenc d'albada, lleu transparència:
còbits que piulen pels olivers.
I sempre un clima d'indiferència,
blanc cementiri dels mariners.

Dins la badia, les fustes fartes
de sal i pesca, mullen el llom;
els homes passen del joc de cartes
a l'opalina gràcia del rom.

Les dones seuen a les cadires
amb aquells aires manifassers...
I ningú pensa que tu respires,
blanc cementiri dels mariners.

I ve que un dia, la veu rossola
d'una campana llagrimejant;
i gent negrenca s'acorriola
seguint la vinya del teu voltant.

La caixa llisa puja la costa;
tu, ni la mires; ja saps qui és.
Sens reverències reps el teu hoste,
blanc cementiri dels mariners.

I els qui te'l duen, mentre la pala
remou la terra, nets de corcó,
pensen quina hora i en quina cala
i amb qui els pertoca calar l'artó.

Els crida el tràngol i la mullena;
cara-impassibles baixen després,
al teu silenci girats d'esquena,
blanc cementiri dels mariners.

Si el mar és fúria, bot i deliri,
i és embranzida i és cos a cos,
¿qui se'n recorda del cementiri,
del gris de nacre del seu repòs?

Tu ho saps comprendre; per'xò no goses
guarnir-te d'arbres ni de cloquers.
Tu saps comprendre totes les coses,
blanc cementiri dels mariners!

Ells fan la ruta de la pobresa,
tu fas el somni de l'infinit.
Si ells es resignen a anar a l'encesa,
també et resignes a llur oblit.

Perquè et resignes, perquè t'adones
del que és el sempre i és el mai més,
jo et vinc a veure moltes estones,
blanc cementiri dels mariners.

Jo et vinc a veure per la drecera,
seguint les vinyes, deixant el port;
i em vivifiques amb la manera
clara i tranquil·la de dir la mort.

La mort, com una gran companyia
neta de tèrbols crits baladrers...
La mort, com feina de cada dia,
mig de tristesa, mig d'alegria...,
blanc cementiri dels mariners!

J. V. Foix
(Barcelona, n. 1893)

"ÉS PER LA MENT QUE SE M'OBRE NATURA..."

És per la Ment que se m'obre Natura
A l'ull golós; per ella em sé immortal
Puix que l'ordén, i ençà i enllà del mal,
El temps és u i pel meu ordre dura.

D'on home só. I alluny tota pastura
Al meu llanguir. En ella l'Irreal
No és el fosc, ni el son, ni l'Ideal,
Ni el foll cobeig d'una aurança futura,

Ans el present; i amb ell, l'hora i el lloc,
I el cremar dolç en el meu propi foc
Fet de voler sense queixa ni usura.

Del bell concret faig el meu càlid joc
A cada instant, i en els segles em moc
Lent, com el roc davant la mar obscura.

"VINGUEN ELS REMS QUE SÓC D'ESTIRP ROMEVA..."

Vinguen els rems que sóc d'estirp romeva,
em penja el sol al pit entre coralls
i dic, a bord, que enyor serres i valls
i la vida de l'orri en temps que neva.

Els llops mai m'han fet por; a casa meva
empait bruixots amb flama d'encenalls
i jac cobert de sacs amb els cavalls
o funy, braç mort, la pasta que no lleva.

Só qui petjà el mallol i ullà la vella,
i em capbús en gorg fred si el fadrí estella
o abraç la lluna en difícil meandre.

Cal risc en terra i mar, i en l'art novella,
per a besar un cos xop sota canella
i caure als trenta-tres, com Alexandre!

ÉS QUAN DORMO QUE HI VEIG CLAR

És quan plou que ballo sol,
vestit d'algues, or i escata;
hi ha un pany de mar al revolt
i un tros de cel escarlata;
un ocell fa un giravolt
i treu branques una mata,
el casalot del pirata
és un ample gira-sol.
És quan plou que ballo sol,
vestit d'algues, or i escata.

És quan ric que em veig gepic
al bassal de sota l'era;
em vesteixo d'home antic
i empaito la masovera,
i entre pineda i garric
planto la meva bandera;
amb una agulla saquera
mato el monstre que no dic.
És quan ric que em veig gepic
al bassal de sota l'era.

És quan dormo que hi veig clar,
foll d'una dolça metzina;
amb perles a cada mà
visc al cor d'una petxina;
só la font del comellar
i el jaç de la salvatgina,
—o la lluna que s'afina
en morir carena enllà.
És quan dormo que hi veig clar,
foll d'una dolça metzina.

VAIG ARRIBAR EN AQUELL POBLE. TOTHOM ME
SALUDAVA I JO NO CONEIXIA NINGÚ; QUAN ANAVA
A LLEGIR ELS MEUS VERSOS, EL DIMONI, AMAGAT
DARRERE UN ARBRE, EM VA CRIDAR, SARCÀSTIC,
I EM VA OMPLIR LES MANS DE RETALLS DE DIARIS

Com se diu aquest poble
amb flors al campanar
i un riu amb arbres foscos?
On he deixat les claus...

Tothom me diu: —Bon dia!
Jo vaig mig despullat;
n'hi ha que s'agenollen,
l'altre em dóna la mà.

—Com me dic!, els pregunto.
Em miro el peu descalç;
a l'ombra d'una bóta
clareja un toll de sang.

El vaquer em deixa un llibre,
em veig en un vitrall;
porto la barba llarga.
—Què he fet del davantal?

Que gent que hi ha a la plaça!
Em deuen esperar;
jo que els llegeixo els versos;
tots riuen, i se'n van.

El bisbe em condecora,
ja els músics han plegat;
voldria tornar a casa,
però no en sé els topants.

Si una noia em besava...
De quin ofici faig?
Ara tanquen les portes:
qui sap on és l'hostal!

En un tros de diari
rumbeja el meu retrat;
els arbres de la plaça
em fan adéu-siau.

—¿Què diuen per la ràdio?
Tinc fred, tinc por, tinc fam;
li compraré un rellotge:
quin dia deu fer el Sant?

Me'n vaig a la Font Vella:
n'han arrencat els bancs;
ara veig el diable
que m'espera al tombant.

*VAGAVA AQUELL VESPRE PELS BARRANCS DE BEGUR
ON ERREN, SOMICAIRES, ELS SAURINS. AL TOMBANT
DE SA TUNA UN CLAM DE VEUS GERMINATIU
ACOMPANYAVA TOT D'OMBRES DANSAIRES. D'UN
BRANC SELVÀTIC D'ALZINA PENJAVA, ABANDONADA,
LA VESTA ESTIVAL D'UNA NOIA. LI VAIG PARLAR COM
SI HI FOS*

Agemoleix-te als vents de les cales esquerpes
Tu, forma i nom i del futur membrança,
Hostessa universal i del goig missatgera,
Alba del dia total, i crepuscle!
Salva, serpentejants, les cabelleres
Que ombregen les remors amb marors de retaule;
Avança, alabatent, per les aigües ventrudes,
Entre insignes negrors i clams secrets, salífers!

Si mous l'Arbre de Mar cauran els fruits defesos.

¿T'he coneguda als broms de les drassanes,
Enyorada del mar i de molles marselles
Amb llums regalimants a l'espart del capvespre?
¿O al pic nevós, en abordatge d'ales,
Copiant soledats a l'àlbum de congestes,
El pit signat amb el carmí dels astres?
¿O en cambra breu, entre elixirs liguris,
Senyorejant en els acres reialmes?

(A la taverna, al ball o als tossals megalítics?)

¿Ets el pomer pensat a la vall carbonera
Voltada d'infinits i, Tu Sola, Minerva,
Llança i elm del Real i nodrissa dels segles,
De l'Home Sol que cavalca els dos signes

Més enllà de la mort, a recer de la Idea;
... O, captiva i lasciva als foscants de manubri,
De flanc esponerós, i pits, a la llitera,
Dànae deixondida amb besars sefardites?

Fuges o véns a mi, o de mi, que só l'Immòbil?

Mira!: Baixen dels cims les vestals venturoses,
Sota l'embruix dels rocs amb xifres extingides
I noms estranys escrits en llengua morta.
Llur mirada solar encén estels errívols
A l'aiguadolç amb parpelleigs eteris,
Omple de boll les sines sedejants,
D'escumes del matí les tímides parpelles,
De fullaraca morta els ventres venials.

—Joc sideral, nocturnes recompenses!

Esmuny-te pels covals amb nupcials flongeses,
Crema els olis novells en arcaiques argiles,
Petja suau, les herbes consagrades
Al pleniluni dolç de les nits imperibles,
Ungeix amb sang recent la pedra augusta,
Cobreix-te al tamariu amb vesta blanca:
Celen frescors d'aranya els degotalls del cel
i, foc i vent, una veu crida: Dea!

Només tos ulls tancats em donen lluors d'alba.

Sa Tuna, 1934

TOTS HI SEREM AL PORT AMB LA DESCONEGUDA

A Gabriel Ferrater

Baixàvem, ulls tancats, per la impossible escala
quan la sal i la sang de la marea
embruixen el sorral. Deies —no ho deies tot!—
que aquella nit amb tremolor d'espiga
i navilis antics amb veles esquinçades
era una torre amb remolins de gralles,
un clam de ganivets damunt la gola nua,
el crit d'un paper escrit quan les amors s'esbalcen,
una mà que es marceix amb cendra i carbonissa
o la porta enreixada que dóna al pati mort.

No ho deies tot! I hi érem tots tibats,
pujant i davallant en immòbils esperes,
ulls clucs també, cadascú amb el seu somni.
Si l'un feia el granger en làcties cingleres,
o escodrinyava el Nom en llibres corsecats
d'epilèptics teòlegs que estronquen les fonts,
l'altre i els seus, amb febre de tenebres,
feixaven la rabassa de la pluja
o ventaven el foc de llurs sofrences,
frèvols com els amants quan l'aurora es deixonda.

Cercàvem palpejant la porta de les noies
en carrers somniats amb silencis de gruta,
i en resseguíem les cambres nocturnes
com qui s'amaga a l'espessor dels blats.
Elles no hi eren, i ho endevinàvem.
Llur veu havia fuit com un pètal sense ombra
i, cor alt, refusàvem el coixí dels rocs.
Els reixats de la porta de l'escala
passen clarors que projecten esferes
amb pins de sol, damunt la calç calenta.

Totes les reixes tenen llur parany
i temem que llur ombra ens faci presoners.
Cada graó ens acosta al Llibre de l'Exili
i amb ull llanós veiem ço que és ofert.
No hi ha pas caça per al qui no fita;
ni el nou ardent, o advers!, per als folls del passat.
No és llibert ni franc qui no s'oblida
o es mira a l'aigua, amb clac i faldons llargs.
No són unicolors els esquemes dels atlas:
el grec hi té el seu turc i el polonès, el rus.

No ho deies tot: Si ho haguéssim sabut!
T'hauríem ensenyat els miralls de la clota
passada la contrada on qui es té dret, l'escapcen.
No emmirallen qui els mira, ans bé un seguici
de maniquins embuatats i rígids
amb una cuca al front, d'antena llarga,
i apareixen aquells que potser som:
pròdigs o retinents, servents o mestrejants,
atàvics augurals, gallejants de la història.
—Som molts, murmura l'eco, i la borda és de pobres

A l'hora del crepuscle hauríem vist
els capells florejants de dames florentines

que el sol s'emporta amb grogors de panotxa
lilàs amunt; i els cors com s'assosseguen...
I quan el primer estel espurna al pic més rost
hauríem escoltat, on els còdols floregen,
la passada dels vents amb brogit de tenora
i el clam esperançat de les formes captives.
La ment capta l'etern en l'ampla pau
i un no res grana i creix en un somriure.

Ésser i traspàs fan un: tot muda i tot roman;
tots hi serem al Port amb la desconeguda.

Gener de 1973

Marià Manent
(Barcelona, n. 1898)

MATÍ

Ets eixida del son com del mar. Tota humida,
somriu encar ta boca als somnis, dolçament.
Brilla el sol a les herbes, però tu veus l'argent
     de la lluna, entre l'aigua adormida.

Una llum de maragda mig emboira els teus ulls;
té perfums d'aquell mar ta delicada argila;
i dus una gran perla pàl·lida sota els rulls,
     ondulats com una alga tranquil·la.

NOIA RUSSA AL MONTSENY

Vestit florit, cara bruna i salvatge:
el teu perfum feréstec de l'estepa i del vent
omple aquestes garrigues i el caminet rellent
     i el núvol que viatja.

Vestit de margarides i d'estrelles de mar:
entremig de les flors ta brunesa traspua.
Clavellets de pastor tremolen a l'atzar,
     vora la teva cama nua.

I et fonies, suau, en la pau del paisatge,
els ulls grisos de somnis i del gust de morir;
o fugies, rient, pel camí—
rossinyol trist i tórtora salvatge.

Pere Quart
(Sabadell, n. 1899)

ODA A BARCELONA
(fragments)

Milers de finestres i cors
t'esguarden com bulls i et regires.

La nit s'atarda.

Els coixins esventrats de la memòria,
la flama del teu somni,
la sang nova del crim,
la infàmia morta, el clam i la barreja!

Barcelona!
Barcelona, ferida i eixalada.
Repiquen les campanes soterrades,
volen les creus,
ocells d'incert auguri.
Els murs suporten voltes invisibles,
blaves banderes, panys de cel,
roba blanca de núvols.

D'ací estant, Barcelona,
el tumult és ordre.
L'or pàl·lid ni respira.

Bressen els asfalts
deliris de les rodes inflades de tempesta,
veles terreres i envilides.

Barcelona,
els teus fills no t'acaben d'entendre,
bruixa frenètica,
matalàs d'esperes.

Escabellada, ronca,
perds la vergonya i la senyera,
però et guanyes la vida,
entre la mort i la follia.

Danses encara
i et pentines un xic amb les estelles
i maquilles tes nafres amb pólvores i cendres.
Però fills teus et deserten,
els que aviciares massa,
enguantats, clenxinats,
patriotes ha ha!
No et reconeixen sense el teu posat
de monja llemenca.
Et maleeixen
quan ja no ets polida, oficiosa,
inscrita en el joc brut de la riquesa
dels favorits i les bagasses.

Barcelona, cantes
una cançó maligna que ens eixorda.
Despertes els altres que ja arriben,
davallen, s'apleguen;
després pugen
com un torrent contracorrent,
Rambles amunt,
Passeig de Gràcia amunt.
Xiulen, flastomen, s'empentegen,
ullen estades senyorials,
persianes porugues, barrots tremoladissos,
portes que es clouen subreptíciament.
Riuen els homes del carrer
i es destrien es escamots
que esfondren reixes,
comminen ascensors perquè s'afanyin,
invaliden panys dobles;
amb una escopinada
enceguen els senyals d'alarma.
Els passadissos, llagoters, s'escurcen,
però les sales-rebedor malreben
i les catifes comuniquen
tímides queixes a les espardenyes.
Els balcons s'esbatanen
i entren alenades goludes de carrer,
sang, bruel, pols
de pedres dreçades a cops d'ungla furiosa.
Fueteja el serpent,

fibla la llum el llarg llampec vermell:
"Estatge incautat per les Joventuts Revo-
      lucionàries".

Barcelona,
rumbeges el barri aristocràtic
amb roba proletària.
Somriu amb urc, amb impaciència
la gent nova i jove.
Ai ton capritx fill de l'antiga enveja,
que finalment caldrà que ofeguis!
Sofrí tant!
I no pas fam o nuesa:
l'exaltació xarona del privilegi.
La vanitat erecta.
L'atzar estult.
L'oprobi de la beutat antiga.
La pau de l'ànima
bescanviada per monedes i voluntat esclava.
El treball prostituint-se
en les cambres secretes del negoci,
enllefiscant-se
en les llacors del luxe (...)

Barcelona, contempla't.
Barcelona, no cantis.
Ausculta aquest cor teu que s'escarrassa a batre.

No et deturis. Plora una mica cada dia,
quan la Terra comença
un altre tomb, ullcluca.
A poc a poc, no et distraguessis
amb les fulles que el vent requisa als arbres.
Ni amb el presagi de les ales noves.

Treballa. Calla.
Malfia't de la història
Somnia-la i refés-la.

Vigila el mar, vigila les muntanyes.
Pensa en el fill que duus a les entranyes.

NOÈ

Noè mira, poruc, per l'ull de bou.
L'aiguat no amaina.
Ja es nega el pic més alt de la muntanya.
No es veu ni un bri de verd,
ni un pam de terra.

Senyor, per què no atures aquest xàfec?
Minva el gra i el farratge
i les bèsties es migren a les fosques;
totes —te'n faig l'aposta—
deuen pensar el mateix:
I mentrestant els peixos se la campen!
Jo tampoc no m'explico el privilegi.

Ja no donem abast tapant goteres:
i en dos indrets de la bodega
la fusta m'ha traït: traspua
a despit del betum.

Fa trenta dies que plou massa!

Noè cercava el cel per la lluerna
i veia la cortina espessa de la pluja.

La família, ho saps prou, no se'n fa càrrec.
Els fills em planten cara, rabiosos,
les nores xafardegen i no sirguen,
els infants, sense sol, s'emmusteeixen.
I la dona, ui la dona!
em fon, de pensament, amb la mirada.

Tanta humitat no em prova:
garratibat de reuma,
què valc, Senyor?
I, a més, el temps pesa qui-sap-lo:
ja en tinc sis-cents de repicats!

Prou mullader, Jahvè, repensa't!
Que el bastiment, de nyigui-nyogui,
poc mariner, sortí d'una drassana
galdosa, a fe!
i el costellam grinyola, es desajusta.

No m'ennaveguis més, estronca
les deus de la justícia

i engega el sol de la misericòrdia!
Ja fóra hora d'estendre la bugada!

Ben cert que ets Tu qui fa i desfà les coses;
i per amor de tu suportaré el que calgui.
Només volia dir-te
—i sé per què t'ho dic—
que aquest país no és per a tanta pluja,
o el llot no adoba res:
cria mosquits i lleva febres.
Caldrà refer els conreus i escarrassar-se.
Som quatre gats malavinguts
i me n'estic veient una muntanya...

Vingué aleshores un colom tot blanc,
però ensutzat de colomassa,
i s'aturà a l'espatlla dreta
del vell senyor almirall,
el qual, amb la mà plana,
oferí quatre veces a l'ocell amansit.
En aquell temps ningú no s'estranyava
de res.
　　　　　Vegeu la Bíblia.

VACANCES PAGADES

He decidit d'anar-me'n per sempre.
Amén.

L'endemà tornaré
perquè sóc vell
i tinc els peus molt consentits,
amb inflors de poagre.

Però me'n tornaré demà passat,
rejovenit pel fàstic.
Per sempre més. Amén.

L'endemà passat l'altre tornaré,
colom de raça missatgera,
com ell estúpid,
no pas tan dreturer,
ni blanc tampoc.

Emmetzinat de mites,
amb les sàrries curulles de blasfèmies,
ossut i rebegut, i lleganyós,
príncep desposseït fins del seu somni,
Job d'escaleta;
llenguatallat, sanat,
pastura de menjança.

Prendré el tren de vacances pagades.
Arrapat al topall.
La terra que va ser la nostra herència
fuig de mi.
És un doll entre cames
que em rebutja.
Herbei, pedram:
senyals d'amor dissolts en la vergonya.

Oh terra sense cel!

Però mireu-me:
He retornat encara.
Tot sol, gairebé cec de tanta lepra.

Demà m'en vaig
—no us enganyo aquest cop—.
Sí, sí: me'n vaig de quatre grapes
com el rebesavi,
per la drecera dels contrabandistes
fins a la ratlla negra de la mort.

Salto llavors dins la tenebra encesa
on tot és estranger.
On viu, exiliat,
el Déu antic dels pares.

Tomàs Garcés
(Barcelona, 1901)

CANYAR FLORIT

Canyar florit, oh selva dels meus somnis!
Tota la nit tremola dolçament,
en el fullatge que la lluna lliga
amb teranyines pàl·lides d'argent.

257

Fresc ombradiu, llisquent riera clara;
melangia: sentor
de terra molla; herbei gemat. Les canyes
fan un sostre de somni travessat de claror.

Fullatge verd teixit amb lluna,
oh, recer car
al peu dansaire de les fades roses
i al ventijol del mar!

Juguen les fades en la terra molla;
la terra apaga el lleu anar i venir.
El ventijol besa les fulles
i la menta oblidada del camí.

Recer diví. Trenat de ver i lluna;
palpita l'ombra clara del record
com la gavina blanca
damunt l'aigua quieta i dormida del port.

Canyar florit de lluna, oh xarxa dels meus
        somnis!
Fullatge prim lligat amb fils d'argent.
No enyores la lluor de l'estelada,
ni el llambrar de les aigües, ni l'abrivall del vent:
¿serves encar la recordança
de l'esguard clar i el llavi ardent?

PARATGE SOMNIAT

Blavegen els estanys. En llur suau estesa
        el cel s'emmirallà.

Per sempre més hi és. Oh càndida nuesa!
        oh tendre sospirar!

Paratge somniat. Potser t'abelliria
        son auri parament.
En platges de coral hi dorm la llum del dia;
        la posta s'hi encén.

Hi creixen tarongers; hi tanca la magrana
        els seus castells rodons.

Les prades que s'hi fan no saben la rotllana
       de les estacions.

Extàtica beutat! Ton cor enyoraria,
       però, l'instant fugaç,
l'espurna del desig, la rosa que es marcia,
       el braç damunt el braç.

Pero xò quan ve la nit hi ha un dring petit d'esquella
i l'ona de la mar, en veure el primer estel,
corones deixarà, per tu, de vidiella
       i rams de xuclamel.

Agustí Bartra
(Barcelona, n. 1908)

TERCERA ELEGIA
(fragment)

L'arbre estava condemnat. Sol. Entre milers d'homes, les fulles
       verdes estrafeien una vergonya riallera.
Hi havia una herència de dies amargs penjada del cel incorrupte
    d'abril.
Algú saludà l'hora nova escopint damunt la calcigada sorra.
Ningú no posava fruites rodones a les mans dels qui ja no po-
       dien sirgar la cançó.

El dia
era una testa de lleó enterrada en la calç i el món havia tancat
       els seus camins amb ordres d'un regne de gel i acer.
El nom pur dels heliotrops tremolava al cim del nostre odi,
i era fàcil de promulgar les lleis de la innocència damunt la nos-
       tra pell sarnosa.
El preludi dels matins brillava com una bresca eixuta.
Al segon dia, l'arbre fou despullat de les seves fulles—
més sol que mai:
                   set braços per a la núvia de l'aire...

La veu de l'home s'alçà:
                   "Aquest és el camp de les espigues es-
       canyades,
dels cavalls vermells que renillen contra la gavina.

259

Aquí l'ascensió i el combat són tan inútils com l'ombra dels besos.

Oh, els arbres són lluny, els arbres són lluny!

Jo, ara, només sé que el fill de les mines cerca una donzella que tingui veu ocellívola,

que la nit s'ha desvetllat damunt la mar

i que les galtes de les flors són una veritat abstracta oblidada fa mil plats de llentilles.

Aquí, en aquest camp que mai no serà un reialme habitual de tombes fixes,

ningú no es diu Joan, Pere o Ramon.

Ningú, ningú no té nom,

aquí, en aquesta terra,

en aquesta pols supervivent,

en aquest aire febril i salobre.

Voldria plorar però no ploro.

He perdut el riu que cantava dins el meu cor. No ploro.

Un aire, una pols, una terra, potser... No puc plorar.

Estimeu-me! El dia porta bastó de convalescent i vol anar a jugar amb els óssos de la boira.

En algun lloc la lluna dorm sota els ponts.

Estimeu-me! Salveu-me!

No sóc ningú, no seré ningú mentre no pugui ensenyar als homes espellifats a estimar les estàtues i els miosotis.

Aquí la flama de l'esperit és un record vague, una història perduda, una arruga fossilitzada.

Els tirs i l'espasa podrien conviure aquí

amb els cérvols blancs i les llanternes, les casulles i l'àlgebra del no-res.

Els meus ulls sense territori,

els meus punys amenaçant les llunyanes cúpules que menteixen amor, amor, amor;

el patriarca palúdic, les runes gòtiques i l'Anyell

no poden tornar-me la fe dels arcs, la caritat de les aigües, l'esperança dels solcs.

Però aquí em sento el camarada dels sols no nascuts,

i amb les meves mans escorxades i la meva llengua de cendra,

us invoco, oh rams de llums dures, tambors nocturns del Pacte, boca aixafada de les fonts!

No ploro, no sé plorar, no puc plorar.

Voldria assotar la sorra amb serpents d'aigua, riure amb els raucs de les granotes, confessar-me als violins.

Aquí, en aquest camp, oh lluny dels arbres!,

en aquesta pols beduïna,

voldria poder donar una ànima al crit de l'home,

sembrar de parpelles tots els cingles del món,
cantar en els arxipèlags de nard de la innocència,
anar-me'n sempre, vestit de blat, cap als vents i els somnis que
    no cremen.
Estimeu-me! Us salvaré de la petita mort en la rosada!"

Màrius Torres
(Lleida, 1910-Puig d'Olena, 1942)

LA CIUTAT LLUNYANA

Ara que el braç potent de les fúries aterra
la ciutat d'ideals que volíem bastir,
entre runes de somnis colgats, més prop de terra,
Pàtria, guarda'ns: —la terra no sabrà mai mentir.

Entre tants crits estranys, que la teva veu pura
ens parli. Ja no ens queda quasi cap més consol
que creure i esperar la nova arquitectura
amb què braços més lliures puguin ratllar el teu sòl.

Qui pogués oblidar la ciutat que s'enfonsa!
Més llunyana, més lliure, una altra n'hi ha, potser,
que ens envia, per sobre d'aquest temps presoner,

batecs d'aire i de fe. La d'una veu de bronze
que de torres altíssimes s'allarga pels camins,
i eleva el cor, i escalfa els peus dels pelegrins.

1939

EL TEMPLE DE LA MORT

Com un poble d'ocells, fills de la llum eterna,
des dels pòrtics del temple d'un déu abandonat,
oh cos meu, la meva ànima, sedent de claredat,
guaita enfora, a l'espai on la vida governa,

no pas dins teu, al trist recinte humit i gras
on regna, entre la fosca que glaça les palpebres,
la Mort, la immunda Mort, oferta en els altars
a un culte corromput de runes i tenebres.

La Mort —tots els camins que arriben fins a Déu
passen sota els teus arcs, o portal de misteri—.
Ah, qui pogués morir sense agonia, lleu,

cara a la sola llum, a l'esplendor aeri,
alegre, lliure, net com el vol d'un ocell,
travessant l'arc més alt a frec de capitell!

Bartomeu Rosselló-Pòrcel
(Ciutat de Mallorca, 1913-El Brull, 1938)

AUCA

Retorno a les festes llunyanes,
quan la muralla de ponent
plena d'estàtues blanques sobre el mar
incendia la Catedral amb palmeres polsoses
i pedres dins el xarol, diumenge de la Portella,
la primera vegada, cosins, amb marineres blaves.
Mira com es tanquen els vidres i dins la cambra la tarda,
la tarda es clou, la tarda damunt d'un llit d'agost, pots mirar-ho
des de qualsevol magraner;
sorprèn els racons del jardí i sabràs el secret de les vànoves,
dels *sillons* amb roba de llengos antiga, de les columnes entorci-
                                                                    [llades!

vés al jardí, al costat de la marededeueta,
del safareig cansat de bressar les mateixes fulles,
hi ha les finestres que tenen el record del suïcida
i del boig que el va veure penjat i perdia la boca rient-se'n
amb els ulls tacats amb ombres com botons,
com els botons grocs de les margarides de la feixina,
a la Riera, més avall del Pont de Sant Pere,
on la Muralla no té canons sobre la Plana.
Jo n'hi he posats i enfosaré els vaixells del Port.
Els peixos es mengen el Jaume I davant la Farola.
El Pare Vidal, endolat, s'ho mira des de la Riba.
El Pare Vidal Taüt crida els cuirassats anglesos.
Jaume I, t'ho dic, torna a sortir vestit de blanc,
i jo et faré portar sobre una tauleta d'eben
a la sala de rebre de can Robert Massanet,
i passaràs per l'entrada amb capitells jònics i pluja,
—una casa de senyors, una casa bona, amb criades;
estaràs dins una botella verda de vi de Binissalem,

Rei Jaume amb un matalàs d'arena!
El rei Jaume I amb un llençol de pols grisa
entra per la Llotja! Boters, atureu els martells,
canteu la cançó de Carmen Flores al Líric.
Ara passa el Jaume I pel carrer de la Mar.

                                   Quadreu-vos,
carrabiners, saludeu el Capità amb la pistola!
Capità, a la glorieta, dispara sobre la multitud,
com si fossis el Polvorí que va esclatar amb el tro més gran de
                                            [la terra
(no n'han sentit mai de més fort ni aquí ni fora Mallorca;
totes les vinyes s'aturaren i el vent es cenyia a les soques,
els pits de les noies fremien llur defensa blana,
i el Seminari masturba si Virgili les solituds
torna la lira renglera de canyes, xiulets i bellveures,
cossiols de clavells al terrat i l'estampa més grassa).
Darrera la persiana sé el moment del cos al mirall
i espio el munt de la roba vora la flassada blanca.
Vaixell, trenca els arcs, els quioscs, les lleones.
El passeig està fart de mirades
i encara no ha après el peu ni la cuixa sota la falda.
Si vas a la Rambla, vaixell, trenca el verd de les Caputxines.
Llança el teu fum sobre la mòmia de sor Tomasa.
— Sor Tomasa, que balla amb el cardenal Despuig vestit de
                                              [diable.—
Sor Tomaseta, el vaixell vol tirar-vos dins un pou;
arri, cavallet, camina, vola per la carretera,
menja la coca de mel dins la maneta de l'àngel.
Portes la santa que sap com repiquen les campanes.
La nit es posa a vetllar dins els ullets de ma mare.
Ma mare, fadrina, canta al carrer de l'Om i broda.
Tambor, tamboret, tambor, broda, broda per la noça,
la noça demà passat, només amb una galera,
i tots a peu i després els tarongerars de Sóller.
Aquí pots nedar, vaixell: el brollador t'acarona.
És un braç inacabable a la teva quilla negra.
Rellotge, calla i no diguis que l'infant s'acosta.
Serà espasa i trencarà totes les cadenes;
les grises rengleres d'arbres li ensenyaran arts de bruixes;
el seu cap serà penjat a la Porta Pintada
i el guardaran a la nit, perquè no parli.

Febrer 1935

EL CAPTIU

I

Llum, jovenesa de l'aire,
em trobes en camins alts i salvatges.
Angel, baixa del cel amb el glavi a la mà,
amb el crit esmolat que minva gravideses.
No sóc el caçador que s'ha perdut
entre sols incipients, entre torres caigudes.
Ara cantes deliris en el darrer graó,
sota les roques que estan sota les roques,
a l'indret insegur
on cau el silenci de les cendres
i les fulles il·luminen els vents
i els cavalls fan sonar una pols remotíssima.
No em salvaran els vermells secrets, enfervorits.

— Per mi t'atansaràs
al riu encès que passa,
a la llum que defineix les coses
que han estat donades als noms,
quan cada llunyania pren
angoixes de veritat.
Volaràs sobre la vorera incendiada,
albatros cobejat pels mariners, tan forts.
Presoner! Oblida la platja deserta! Viu
pressa de segles en instants
i estalonar-se de moments
avars de llur estridència.
El camí d'esculls finirà.
Arriba l'àgil eixutesa.
Només els meus ulls en els teus
i, en decantar-los, no veuràs res nou
(fúria falaguera de pesos,
desesperació dels vents).
— No facis senyes al vaixell que passa:
no té banderes per a contestar-te.
Que els teus braços s'elevin i l'exaltin,
nauxer d'aquesta lívida llacuna.

—Llum, jovenesa total,
en el silenci s'asseu
la lassitud més pàl·lida d'esforços
amb les mans plenes de castells.

II

—Jo sé la gran imatge
madura de sublim seguretat.
Jo sé quina libació
ens aclarirà les tenebres.
Només recordo la muntanya
i els pins i el vent
i la lluita dels homes
i el gran silenci de després,
vora la pau tranquil·la de la tarda.
Astres únics, patètica
unitat del torrent i l'aigua clara.
Capvespre simple, tímid
de la força suprema de les coses.
I només jo, assegut damunt el cim,
intel·ligència als ulls damunt les coses.
El perill es saturava de mi
i la nit em pressentia.
Nit sense arbres, ni l'aire
sobre la tempestat del rostre.
Nit de l'Àngel, ciutat tancada
a l'exèrcit de barons valents.
Jo vaig pujar a la fortalesa
i les mans em tremolaren.
Sé quin és el despertar de després,
argila entre penyes,
aigua brava de l'ona i de la roca.
Alba sense àngels, sense ocells,
alba de cristalls i de veus,
forn apagat,
entre els murs del somni i la via
de la batalla tremolosa.
Jo sóc l'heroi d'aquesta veritat,
i em redreçava, increat, pur,
per cantar el meu himne:

—He vist la vostra ofrena, he fruït del vostre do
sobre la sang dels homes i les coses.
Cilici de la mort
entre la pau de valls desconegudes.
He lluitat amb tota la nit
adelerada de silencis.
Entre geometria de fàbriques,
l'alba.
Tortura de vidres i crits,

parany de la matinada.
Sepulcre de braços i febres
sense l'instint de llibertat!
Canto l'absència de la llibertat!
Presons de l'aire! Governo
el furor incert de l'aire!

Gener-febrer 1934

Joan Teixidor
(Olot, n. 1913)

DIADA DELS MORTS EN UN ANY DE GUERRA

Sense destorb els cementiris corren,
ignoren murs i s'esllavissen. Drets,
no sols xiprers vetllen els morts. Tot arbre
colga records entre celatges freds.

El dolç terrer clavetejat de sang
en l'aire brunz de trepidant història.
Colgats i tot, viuen els morts; encar
alenen en el fang i en la memòria.

Adhuc el cos que l'aire prest corromp
en marge trist que cap al sol s'inclina,
tot esperant la resurrecció,
en ploma o riu o dintre el vent camina.

El fang que es pasta com el pa en el forn
de moltes vides aplegà fortuna.
¿Què fou d'això que dintre el sol daurat
visqué feliç o somià a la lluna?

Oh terra vasta per l'amor intens
i encara rica que promesa exhales:
l'herbei amarg esdevindrà llet dolça;
amb sang, donzella, compra amor les gales!

Si tot es vincla i és ardent i trist,
duren clavells i neixen violetes,
asserenades de saber que els plors
fruiten ulls negres en obscures pletes.

Matí d'hivern caminaré pel món,
la terra fosca brostarà per dins;
llavor colgada per la rella dura
assaja, ardida, arrecerats camins.

Vida de flors que congrià la mort.
Brutal ardència va pintar de foc
pètals i calzes: són obscurs, difícils,
els cants, la dansa, el més ingràvid joc.

La gràcia signa els esquelets nocturns,
oh primavera dintre els cementiris!
Noies que xisclen furiosament;
la pols m'ofega, i el perfum dels lliris.

Salvador Espriu
(Santa Coloma de Farners, n. 1913)

"A LA VORA DEL MAR..."

A la vora del mar. Tenia
una casa, el meu somni,
a la vora del mar.

Alta proa. Per lliures
camins d'aigua, l'esvelta
barca que jo manava.

Els ulls sabien
tot el repòs i l'ordre
d'una petita pàtria.

Com necessito
contar-te la basarda
que fa la pluja als vidres!
Avui cau nit de fosca
damunt la meva casa.

Les roques negres
m'atrauen a naufragi.
Captiu del càntic,
el meu esforç inútil,
qui pot guiar-me a l'alba?

Ran de la mar tenia
una casa, un lent somni.

UNA CLOSA FELICITAT ÉS BEN BÉ DEL MEU MÓN

Darrera aquesta porta visc,
però no sé
si en puc dir vida.

Quan al capvespre torno
del meu diari odi contra el pa
(no saps que tinc la immensa
sort de vendre'm
a trossos per una pulcra moneda
que arriba ja a valer
molt menys que res?),
deixo fora un vell abric, l'esperança,
i m'endinso pel camí dels ulls,
pel buit esglai on sento,
enllà, el meu Déu,
sempre enllà, més enllà de falsos
profetes i de rares culpes
i del vell neci emmalaltit per versos
disciplinats, com aquests d'ara, amb pintes
de fosques marques que l'alè dels crítics
un dia aclarirà per a la meva vergonya.

Sí, em pots trobar, si goses,
darrera el glacial no-res d'aquesta
porta, aquí, on visc i sento
l'enyor i el crit de Déu i sóc,
amb els ocells nocturns de la meva solitud,
un home sense somnis en la meva solitud.

ASSAIG DE CÀNTIC EN EL TEMPLE

Oh, que cansat estic de la meva
covarda, vella, tan salvatge terra,
i com m'agradaria d'allunyar-me'n
nord enllà,
on diuen que la gent és neta
i noble, culta, rica, lliure,

desvetllada i feliç!
Aleshores, a la congregació, els germans dirien
desaprovant: "Com l'ocell que deixa el niu,
així l'home que se'n va del seu indret",
mentre jo, ja ben lluny, em riuria
de la llei i de l'antiga saviesa
d'aquest meu àrid poble.
Però no he de seguir mai el meu somni
i em quedaré aquí fins a la mort.
Car sóc també molt covard i salvatge
i estimo, a més, amb un
desesperat dolor
aquesta meva pobra,
bruta, trista, dissortada pàtria.

"NO CONVÉ QUE DIGUEM EL NOM..."

No convé que diguem el nom
del qui ens pensa enllà de la nostra por.
Si topem a les palpentes
amb aquest estrany cec
i ens sentim sempre mirats
pel blanc esguard del cec,
on sinó en el buit i en el no-res
fonamentarem la nostra vida?
Provarem d'alçar a la sorra
el palau perillós dels nostres somnis
i aprendrem aquesta lliçó humil
al llarg de tot el temps del casament,
car sols així som lliures de combatre
per l'última victòria damunt l'esglai.
Escolta, Sepharad: els homes no poden ser
si no són lliures.
Que sàpiga Sepharad que no podrem mai ser
si no som lliures.
I cridi la veu de tot el poble: "Amén."

SENTIT A LA MANERA DE SALVADOR ESPRIU

He de pagar el meu vell preu, la mort,
i avui els ulls se'm cansen de la llum.
Baixats amb mancament tots els graons,
m'endinsen pel domini de la nit.

Silenciós, m`alço rei de la nit
i em sé servent dels homes de dolor.
Ai, com guiar aquest immens dolor
al clos de les paraules de la nit?

Passen el vent, el triomf, el repòs,
per rengles d`altes flames i d`arquers.
Presoner dels meus morts i del meu nom,
esdevinc mur, jo caminat per mi.

I em perdo i sóc, sense missatge, sol,
enllà del cant, enmig dels oblidats
caiguts amb por, només un somni fosc
del qui sortí dels palaus de la lluna.

"ORDENAT, ESTABLERT, POTSER INTEL·LIGIBLE..."

Ordenat, establert, potser intel·ligible,
deixo el petit món que duc des de l`origen
i des d`ell m`envoltà, car arriben de sobte
els neguitosos passos al terme del camí.
Concedida als meus ulls l`estranya força
de penetrar tot aquest gruix del mur, contemplo
els closos, silenciosos, solitaris
conceptes que van creant i enlairen
per a ningú les agitades mans del foc.
Ah, la diversa identitat davallada dels pous,
tan dolorós esforç per confegir i aprendre,
una a una, les lletres dels mots del no-res!
Aücs del vent albardà entorn de la casa.
Vet aquí l`home vell, al davant de la casa,
com alça a poc a poc la seva pols
en un moment, àrid i nu, d`estàtua.
Terra seca després, ja per sempre
fora del nombre, del nom, trossejada
a les fondàries per les rels de l`arbre.

Joan Vinyoli
(Barcelona, n. 1914)

ALGÚ QUE VE DE LLUNY

> *We are such stuff*
> *As dreams are made on, and our little life*
> *Is rounded with a sleep.*
>
> > *The Tempest.* Acte IV, escena 1.

Aquí, ara, només arriba algú
que ve de lluny, cansat,
bevent passat, inútilment volent
trobar sentit al que mai no en té,
llevat de, per exemple, les mogudes
fulles dels arbres:
El ventalle de cedros aire daba.

Li varen ensenyar què són records
o de mirar el capvespre tot girant el cap,
com un que diu adéu.
                    I va conèixer Rilke,
i Riba li va dir que s'estimés
aquell que l'ajudés a fer-se gran.
I Hölderlin tancat en una torre
li va parlar de l'*Ungebundene*.
De Li Tai-po sabia
que dictava els seus versos, embriac,
i que es llançà de nit al mar
per agafar la lluna. De dictar ja en sé.
Però de lluna no n'hi ha, ni primavera, ni tardor,
ni llunys, ni props.

Qui no comprenc, però que no em menysté,
sempre em fa companyia
Dóna'm les herbes d'embogir. Beu te.
Prepara un *bebistrajo*.
No crec en mi però no em deixis.
Und wenn mein Kuss nicht süsser ist,
dann trink du Malvasier.
Caldrà que un dia anem a Sitges
i prop les barques, ajaguts, veurem l'església blanca;
no tot és mort. Fes-me el favor de creure,
no pas en mi, de creure
que les coses per mi són per ser dites,

que jo encara m'assajo
de dir-les amb paraules difícils de trobar,
que quan les trobo ja no hi ha les coses
i em quedo sol.

Flebes, el mariner, va córrer moltes mars;
guanyà, perdé, sofrí la mort per aigua.
Llegim-nos l'un a l'altre *La Tempesta:*
sabrem alguna cosa
de la vida, del somni i de la mort.

ARA QUE ÉS TARD

> *Du musst dein Leben ändern.*
>
> RILKE

Cobrí l'ocell les muntanyes del mar
i les planúries de la terra,
veié la llaura, la sembra i la collita,
i els homes aücant
els cavalls desbocats.
Van cremar les fogueres
tota la nit espurnejant
sense pluges apaivagadores.
                    El foc s'havia estès
fins a la casa que ja flamejava,
i es va formar una filera d'homes
que es passaven galledes plenes d'aigua dels pous antics
de l'un a l'altre en cadena i la llancen
al foc per matar-lo, però el foc se les beu
a desenes i a cents.
                    El poble tot allí.
                            Ploren les dones,
que ja del blat no en queda res
i cremen les palleres.
                    Els cavalls nocturns
a l'era en cendres batien
les garbes que sols eren en els ulls
esbatanats dels qui ja tot ho havien
perdut.
        —Ple d'una cadència
segura, corriol que porta
al cor mateix de la realitat,
he de tornar a la llei

272

dels poemes antics i no deixar-me endur
pels mots imprecisos.
                    Recordes
el ferrador com avivava el foc
amb el vent de la manxa, com ferrava
les mules, els cavalls, les eugues,
la flaire de cremat
de les peüngles?
                    Insistència
reiterativa en el foc.

                    *   *

Pel clar principi
d'aquest poema plana un gran ocell
que al cim d'un pic vaig veure a tocar,
majestuosament volant, allunyar-se
fent cercles.
              La resta
records i paraules.
                    Provo de saltar
de nen per sobre les fogueres
mig apagades.
                    Posa-hi ara un groc
de palla flairosa.
                    Sobretot no oblidis
un blau intens al fons sobre el qual
es retallin muntanyes de perfil esquerp
de pedra dura,
que la pissarra es desfà
                    —grisalla
de pensaments, de somnis.
                    Aboca't a la nit.
Escolta els ocells, mira el dia
com neix.
          Torna a veure les coses
en els ulls d'un infant.
                    Torna a llegir en els llibres
ara que és tard.
          Has de fer una altra vida.

Josep Palau i Fabre
(Barcelona, n. 1917)

L'AVENTURA

Sensation

Par les soirs bleus d'été j'irai dans les sentiers,
Picoté par les blés, fouler l'herbe menue;
Rêveur, j'en sentirai la fraicheur à mes pieds,
Je laisserai le vent baigner ma tête nue!

Je ne parlerai pas, je ne penserai rien.
Mais l'amour infini me montera dans l'âme;
Et j'irai loin, bien loin, comme un bohémien,
Par la Nature—hereux comme avec un femme.

JEAN-ARTHUR RIMBAUD

SENSACIÓ

I

Pels vespres blaus d'estiu aniré pels conreus,
picotejat pels blats, sollant l'herba menuda.
Somniós, sentiré la frescor sota els peus,
deixaré el lliure vent banyar ma testa nua.

No pensaré en res, no parlaré per res.
Mes l'amor infinit m'inundarà l'entranya.
I aniré lluny, ben lluny, de mi mateix després,
feliç per la Natura — com amb una companya.

II

Pels vespres blaus i verds aniré pels conreus,
esgarrinxat pels blats i petjant l'herba fresca.
Sentiré palpitar la terra sota els peus
com si una dona nua s'oferís a ma destra.

Sens parlar, ni pensar, ni enyorar-me de res,
l'ample vent m'ompliria els narius i l'entranya.
I aniré lluny, molt lluny: allí on és defès
—tot sol, amb mi mateix— com amb una companya.

III

Pels vespres blaus de verd aniré al groc de l'aire
amb les cames ferides per espases de blat.
Sentiré sota els peus aquell ventre apagat
que les bèsties oloren amb un desig minaire.

I emmudit —el cap nu— irremeiablement,
em donaré amb furor al gran desig de l'aire,
i em deixaré bressar com una lleu sement
que fecunda una flor —altiva o solitària.

IV

En els blaus i en els verds, a l'estiu, prop de l'aire,
fecundat per llavors que prodigava el vent,
aniré, sense nord, com una rel dansaire,
per la muntanya amunt, cercant el meu ponent.

Vegetal —o animal— i sens bri de raó,
confós amb la natura ardent i solitària,
seré el pol·len que duu el vent de la tardor,
quan la tempesta brunz i s'alça l'alimària.

V

Sense blaus, sense verds, perdut en mi mateix,
conqueriré l'altura que el sol llaura.
Sense fred, sense vent, madura d'un sol bleix,
l'antiga terra encara trepitja Minotaure.

Si la font ni la flor no troben la paraula,
la pedra la dirà com el meu front.
En el desig del vent restà la vella faula.
El front, la pedra, occeixen. —Resta el desig pregon.

Joan Brossa
(Barcelona, n. 1919)

PELS JARDINS

Fer sortir del capell cintes i flors,
una tórtora morta dar-la viva;
reconstruir la carta, excepte el tros
que té guardat el públic, em captiva.

Gravar un estel o un triangle en un os
amb força de tenebra venjativa;
de nou i durament saber-se exclòs,
fer un crit d'horror amb remota saliva;

trencar un mirall entre remor de blat,
anar descalç i trepitjar el mercuri,
em captiva. Em captiva claredat

per afegir tenebra al meu auguri
i desbastar aquest bloc d'eternitat
que no desorganitza cap murmuri.

ODA PASQUAL

Si us hi encareu, l'anyell se us tira a sobre:
té ales grans que són per l'estil d'ales;
en lloc de dents té lletres, i una boca
que bada la caldera de les arnes.
De la T d'una creu se'n féu un sabre,
i diu que ha estat tramès d'un cel d'ovelles,
i cova els ous si es tracta de finances;
té olles al final de la riera,
confia que una pota renta l'altra;
a cap bressol no acosta bé l'orella
i posa banyes a la terra mare;
grapeja els pits dels pobles que no es mouen
i aixeca les faldilles dels fantasmes;
diu que a l'abril li correspon caputxa
i fa vomitar els bous vora les plantes;
a les ciutats té catedrals o coves
que ombregen punxegudes com les llances;
no el suposeu a les muralles velles:

avui ell acompanya els grans bandarres,
els afalaga, en lloc de corregir-los,
i sobre els mariscals estén el pal·li.
L'anyell tan aviat vola com neda
i, quan se sent ferit, escup i brama,
i es fica a tots els països, i neda
i vola, i us remata a cops de bàcul
si l'agafeu per una de les potes
i descobriu que sota els flocs de llana
és cabra saturnal i tenebrosa
amb una serp entre les dents serrades...
Però està exempt d'errors, i s'afigura
que té un record feliç i els anys no passen;
ell ho redimeix tot, i s'enfutisma,
i obre la boca redemptora i santa
perquè li sigui tirat dins l'objecte,
l'objecte que ha de redimir menjant-se'l.
Ah, resta de creences, brasa encesa
a la lluna! Deixeu d'untar les plantes,
prou donar menja a tèrboles idees!
L'home ha de sobreviure a les rondalles
—l'ídol, tou en un llit, l'home a les golfes—:
l'hostal no és lloc per a esperar una barca.

COMIAT

Els núvols vénen apilotats.

Agafo un mocador per dues puntes
i hi faig un nus. Després un altre.
(Fluixos tots dos, però dic que els estrenyo.)
Un altre en faig d'igual i estiro sempre
el mateix bec. Tapo els nusos.
Llanço el mocador enlaire, i els nusos
estan desfets.

Ah, Llibertat!

Gabriel Ferrater
(Reus, 1922-Sant Cugat, 1972)

ELS ARISTÒCRATES

Oh Borges, Lowell, oh patricis
americans! Teniu la vostra
història tan prop, i us viu el fàstic.
Tinc història prop. En tinc el fàstic.
   No sabré escriure els detallats poemes
que us escriviu. El fàstic meu
(fet vell perquè ningú no en diu la història),
com els turmells d'una nena gitana,
potser em deixa ser pell i vida sota el brut,
però sóc agrisat, i només parlo
de generalitats, com un plebeu
que mai no va escoltar, frescos i lents,
els records de les dones dins la casa
densa, i que va buidat: un pou de por.

IN MEMORIAM
(fragment)

Quan va esclatar la guerra, jo tenia
catorze anys i dos mesos. De moment
no em va fer gaire efecte. El cap m'anava
tot ple d'una altra cosa, que ara encara
jutjo més important. Vaig descobrir
Les Fleurs du Mal, i això volia dir
la poesia, certament, però
hi ha una altra cosa, que no sé com dir-ne,
i és la que compta. La revolta? No.
Així en deia aleshores. Ajagut
dins d'un avellaner, al cor d'una rosa
de fulles moixes i molt verdes, com
pells d'eruga escorxada, allí, ajaçat
a l'entrecuix del món, m'espesseïa
de revolta feliç, mentre el país
espetegava de revolta i contra-
revolta, no sé si feliç, però
més revoltat que no pas jo. La vida
moral? S'hi acosta, però és massa ambigu.

Potser el terme millor és el d'egoisme,
i és millor recordar que als catorze anys
hem de mudar de primera persona:
ja ens estreny el plural, i l'exercici
de l'estilista singular, la nàusea
de l'enfilat a dalt de si mateix,
ens sembla un bon programa pel futur.
Després vénen els anys, i feliçment
també s'allunyen, i se'ns va cansant
la mà que acaricia el front tossut
de l'anyell íntim, i ve que adoptem
aquest plural, no sé si de modèstia,
que renuncia al singular, se'n deixa,
però agraint-lo i premiant-lo. Prou.

Acabades les vacances, sí,
vaig veure que al meu món algú li havia
fet una cara nova. Sang i foc.
No em semblaven horribles, però eren
la sang i el foc de sempre. El meu col·legi
de capellans el van cremar, i el Guiu,
que era el sergent que ens feia fer gimnàstica
premilitar, i l'odiàvem tots
(torno al plural primer, perquè la vida
regredeix sempre), el Guiu havia estat
assassinat a trets, i ens van contar
que havia costat molt, perquè portava
cota de malla sota la disfressa
de velleta pagesa, i al cistell,
sota els ous, hi amagava tres granades.
El van matar al racó de la placeta
d'Hèrcules, al costat de l'Institut,
que és on sortíem entre dues classes,
i no recordo que el lloc ens semblés
marcat de cap manera, ni volguéssim
trobar en un tronc d'un plàtan una bala
ni cap altre senyal. Quant a la sang,
no cal dir que, potser el dia mateix,
el vent se la va endur: va fer la pols
potser una mica més pesada.
Les parets socarrades del col·legi,
no sé si les recordo o si m'ho penso.
No hi vam entrar. Fèiem la muda, i no
trobàvem interès en els parracs
de vella pell. Oloràvem la por
que era l'aroma d'aquella tardor,

però ens semblava bona. Era una por
dels grans. Sortíem de la por infantil
i teníem la sort que el món se'ns feia
gairebé del tot fàcil. Com més por
tenien ells, més lliures ens sentíem.
Era el procés de sempre, i compreníem
obscurament que amb nosaltres la roda
s'accelerava molt. Érem feliços.

CAMBRA DE LA TARDOR

La persiana, no del tot tancada, com
un esglai que es reté de caure a terra,
no ens separa de l'aire. Mira, s'obren
trenta-set horitzons rectes i prims,
però el cor els oblida. Sense enyor
se'ns va morint la llum, que era color
de mel, i ara és color d'olor de poma.
Que lent el món, que lent el món, que lenta
la pena per les hores que se'n van
de pressa. Digues, te'n recordaràs,
d'aquesta cambra?
      "Me l'estimo molt.
Aquelles veus d'obrers —Què són?"
      Paletes:
manca una casa a la mançana.
      "Canten,
i avui no els sento. Criden, riuen,
i avui que callen em fa estrany."
      Que lentes
les fulles roges de les veus, que incertes
quan vénen a colgar-nos. Adormides,
les fulles dels meus besos van volgant
els recers del teu cos, i mentre oblides
les fulles altes de l'estiu, els dies
oberts i sense besos, ben al fons
el cos recorda: encara
tens la pell mig del sol, mig de la lluna.

POEMA INACABAT
(fragment)

D'aquells pollosos anys quarantes
no te'n diré res més per ara.
Ja hi posarà tocs de color
el curs de la narració.
L'atmosfera de la desena
te la dóna molt bé el poema
primer d'*On he deixat les claus:*
el superrealisme, usat
amb talent, és més realista
que el realisme academista.
Adona't però que has nascut
al més espès d'aquell embús
de què encara et pugen bombolles.
Prou entens que és de segon ordre
la part de vida que el país
o qualsevol lloc col·lectiu
pot masegar i fer ofenosa.
Imitaràs, si no ets tonta,
de Nínive, els petits infants
que no es distingien les mans
dreta i esquerra. Qui s'excita
polític, acaba que xiva
o bé xucla com un embut
o fa d'orellut carnetut.
Quan se t'acosti un lúbric d'ànimes
(ja m'entens) no li diguis gràcies
si et grapeja la teva. Fuig,
que s'ajaci en el seu rebuig,
i el vici que voldria fàcil,
que se li torni solitari.
Prou et deurà, si va aprenent
que és art llarga fer-se decent
i decent vol dir solitari,
lluny de *strip-tease* fraternitaris.
A la vida autèntica, doncs,
ningú, ni els teus pares ni jo,
no li deixàvem agafar-se
els dits a gaires engranatges
del nostre país post-guerrer,
però ens esquitxàvem de fems.
Jo, que tenia el seny a dida,
t'he confessat que em convencia
allò del nou ordre europeu

i que vaig llançar marrameus
quan el Reich va ensenyar la panxa.
Estava servint a Barbastre,
i un coronel de cap més fluix
que el meu, i jo, fets un garbuix,
vam poder plorar la gran trompa
per la rendició teutona.
Vam barrejar vòmits al sol
i et dic que l'únic que no em dol
és d'haver vomitat. Tu jutja,
i no t'empesquis que ara en pugen
de gaire més llestos que jo (...)

Vicent Andrés Estellés
(Burjassot, n. 1924)

ÈGLOGA III

Nemorós

Et rebia com l'aigua de la sínia,
em pujaves com l'aigua de la sínia
al crepuscle, Bel·lisa, a l'ascensor,
des del subsòl de l'àtic, del carrer.
Em rentava les mans, els ulls, la vida,
quan sorties tendríssima i esvelta;
em rentava mirant-te solament...
Nedava com un peix inversemblant
en la teua tendresa vegetal.
Recorde la sanefa de la teua
camisa tremolant com una escuma
contra la roca bruna del genoll.
La sanefa sabia fer-se un càntic
sortint, alegre, per damunt dels pits.
M'allargaves la mà i semblava un istme
unint-me a un continent insospitat.
Dos i dos eren dotze. Te'n recordes?
Uns llarguíssims ocells creuaven l'aire,
entrant i eixint per les pupil·les buides,
per les pupil·les sense rostre, aquelles.
Ara tot és distint. Dos i dos, quatre.
Una corbata em resta solament
d'aquells crepuscles que recorde tant.

Dels crepuscles m'he fet una corbata
que em creua el pit com altre ocell llarguíssim.
Tendra corbata a ratlles verdes, grogues,
retall d'aquelles èglogues, Bel·lisa.
Tinc desigs de posar un telegrama,
un telegrama sense cap adreça,
que diga solament: "Bel·lisa, corre!"
Llança't per la finestra, pel balcó,
des del tramvia en marxa, des del pont.
Corre, Bel·lisa. El món va a la catàstrofe:
els dies tenen vint-i-quatre hores,
les persones són altes o són baixes,
si obris l'aixeta corre l'aigua, si
sumes sis i catorze surt un vint...

El món va a la catàstrofe, Bel·lisa,
si no véns promptament, si no vinguesses.
Oh, no em deixes que muira d'una angina
de pit, d'un refredat, d'una recepta.
Oh, no em deixes que muira per açò
o allò, per tal, per qual, lògicament.
El món va a la catàstrofe, Bel·lisa.
S'obrin els sexes com si fossen ostres
per la perla de la virginitat.
El món va a la catàstrofe, Bel·lisa.
Dits bruts de nicotina de tabac
ros, separen les cuixes de Friné.

El món va la catàstrofe, Bel·lisa.
"A mi em sembla que és verge, aquesta noia.
Vostè què hi diu, doctor?", pregunta el nuvi.
El món va a la catàstrofe, Bel·lisa.
"Home, la veritat... Jo crec, en canvi...
Més val que ho deixe estar." "Com vostè diga".
El món va a la catàstrofe, Bel·lisa!

Tinc por aquesta tarda —en el despatx
d'aquelles tardes nostres, d'aquells dies.
El món va a la catàstrofe, Bel·lisa!
Em posaré al telèfon, marcaré
un nombre qualsevol: "Vine, Bel·lisa!"
Plore, Bel·lisa, entre l'*Haber* i el *Debe*.
Plore, Bel·lisa, en l'àtic que tu saps.
El món va a la catàstrofe, Bel·lisa.

Vine!

Bellisa

Et cride Nemorós, des del telèfon
d'un cafè qualsevol. Em sent morir
entre corfes de gambes i avellanes.
Em puja per les cames, com un *nylon,*
la fredor del crepuscle de setembre.
És com si tota jo, de cap a peus,
anàs vestida de setembre o *nylon.*
Mentre intente cridar-te, veig els rostres
rojos de vi i luxúria, rient,
obrint boques enormes, Nemorós,
i jo, petita i fina. I em recorde
d'aquells contes de prínceps i de nines
i de llops mastegant les margarides,
les margarides i, després, les nines,
i mossegue el setembre que em vesteix
com si fos el llençol o el cobertor.
Nemorós, Nemorós! Tinc tanta por...
Entre les corfes de les gambes, entre
les clòtxines a terra esventrades,
sent el gemec de la virginitat,
plore, perduda, pel que ja no sóc,
plore, perduda, tanta cosa bella,
tanta cosa petita i trencadissa...
Veig com passen les noies pel carrer.
Entre les cames duen l'alegria
com un ca juganer que no les deixa...
No et cride, Nemorós, no et cridaré.
M'agradaria asseure'm a la llosa
d'un sepulcre i llevar-me la sabata,
desapegant-me un poc la mitja de
la planta, tan coenta, d'aquest peu
que em besaves ahir, ahir només;
m'agradaria asseure'm i sentir
tanta frescor com puja de les lloses
esteses sobre els morts al cementeri,
d'aqueixes lloses soles, Nemorós.
Olen a mascle les parets de fusta
de la cabina on sóc amb aquests dubtes;
surt una olor de mascle del telèfon,
de suor de després. No sé com dir-t'ho...
I no és difícil veure una finestra
oberta al cel, sobre el terrats veïns,
i sentir-se un poc aigua, reflectint
—al cos nu— rames, núvols, ocells càndids.

No és difícil flotar, anar només,
oferta a no sé què, impel·lida obscu-
rament per no sé què ni cap a on.
Oferta a soles, doncs, que és el millor.
Dos, quatre, sis... No, no. No, Nemorós.
Et veuré aquesta tarda. Cada tarda
et veig, sol, a aquell àtic que sabem.
Cada tarda et contemple, des de l'aire,
feta núvol o llenç o cotó-en-pèl
de cel en el crepuscle de setembre,
com aquells que vaig veure en el col·legi,
al cel del pati del col·legi aquell,
quan jo era allò i no açò i tota la resta.
És millor, Nemorós. Me'n torne allà.
Un autumne de corfes de paraules
i de gambes, em cruix dessota els peus.

(No sigues animal i no m'empentes!)

Nemorós, Nemorós! Et cride sempre.

HORACIANA   I

res no m'agrada tant
com enramar-me d'oli cru
el pimentó torrat, tallat en tires.

cante llavors, distret, raone amb l'oli cru, amb els productes de
[la terra.
m'agrada molt el pimentó torrat,
mes no massa torrat, que el desgracia,
sinó amb aquella carn mollar que té
en llevar-li la crosta socarrada.

l'expose dins el plat en tongades incitants,
l'enrame d'oli cru amb un pessic de sal
i suque molt de pa,
com fan els pobres,
en l'oli, que té sal i ha pres una sabor del pimentó torrat.

després, en un pessic
del dit gros i el dit índex, amb un tros de pa,
agafe un tros de pimentó, l'enlaire àvidament,
eucarísticament,

me'l mire en l'aire.
de vegades arribe a l'èxtasi, a l'orgasme.

cloc els ulls i me'l fot.

NO ESCRIC ÈGLOGUES

> *Irats e gauzens me'n partray*
> *s'ieu ja la vey, l'amor de lonh.*
>
> JOFRE RUDEL

No hi havia a València dos cames com les teues.
Dolçament les recorde, amb els ulls plens de llàgrimes,
amb una teranyina de llàgrimes als ulls.
On ets? On són les teues cames tan adorables?
Recórrec l'Albereda, aquells llocs familiars.
Creue les nits. Evoque les baranes del riu.
Un cadàver verdós. Un cadàver fosfòric.
L'espectre de Francisco de la Torre, potser.
No hi havia a València dos cames com les teues.
Llargament escriuria sobre les teues cames.
Com si anasses per l'aigua, entre una aigua invisible,
entre una aigua claríssima, venies pel carrer.
La carn graciosa i fresca com un cànter de Serra.
I jo t'evoque dreta sobre les teues cames.
Carregaven els hòmens els ventruts camions.
Venien autobusos de Gandia i Paterna.
Eixien veus dels bars, l'olor d'oli fregit.
Tu venies solemne sobre les teues cames.
Oh la solemnitat de la teua carn tendra,
del teu cos adorable sobre les llargues cames!
Carrer avall, venies entre els solars, els crits,
els infants que jugaven en eixir de l'escola,
la dona arreplegava la roba del terrat,
l'home recomponia lentament un rellotge
mentre un amic parlava dels seus anys de presó
per coses de la guerra, tu venies solemne,
amb més solemnitat que el crepuscle, o amb una
dignitat que el crepuscle rebia de tu sola.
Tota la majestat amada del crepuscle.
No hi havia a València dos cames com les teues,
amb la viva alegria de la virginitat.
Sempre venies, mai no arribaves del tot,
i jo et volia així, i jo ho volia així:

286

nasquí per aguardar-te; per veure com venies.
Inútilment recórrec els crepuscles, les nits.
Hi ha els hòmens que carreguen lentament camions.
Hi ha els bars, l'oli fregit, les parelles d'amants.
Jo recorde unes cames, les teues cames nues,
les teues llargues cames plenes de dignitat.
No hi havia a València dos cames com les teues.
Un cadàver verdós, un cadàver fosfòric
va tocant les anelles, va preguntant per tu.
Es desperta Ausiàs March en el vas del carner.
Jo no sé res de tu. Han passat segles, dies.
Inútilment recórrec València. No escric Èglogues.

SUMARI

LES MILLORS OBRES DE LA LITERATURA CATALANA

Les obres i els autors més importants de la literatura catalana, clàssica i moderna, posats a l'abast de tots els lectors d'avui.

1 JOAN MARAGALL. **Elogi de la paraula i altres assaigs.**
2 SALVADOR ESPRIU. **Antologia poètica.**
3 JAUME ROIG. **Espill o Llibre de les dones.**
4 PRUDENCI BERTRANA. **Jo! Memòries d'un metge filòsof.**
5 ENRIC PRAT DE LA RIBA. **La Nacionalitat Catalana.**
6 JACINT VERDAGUER. **L'Atlàntida.**
7 NARCÍS OLLER. **Contes.**
8 ANÒNIM. **Curial e Güelfa.**
9 PERE CALDERS. **Cròniques de la veritat oculta.**
10 CARLES RIBA. **Clàssics i moderns.**
11 JOSEP CARNER. **Poesies escollides.**
12 JOSEP POUS I PAGÈS. **La vida i la mort d'en Jordi Fraginals.**
13 **Sainets del segle XIX.**
14 AUSIAS MARCH. **Poesia.**
15 MIQUEL LLOR. **Laura a la ciutat dels sants.**
16 JOSEP M. DE SAGARRA. **Teatre.**
17 CARLES BOSCH DE LA TRINXERIA. **L'hereu Noradell.**
18 MERCÈ RODOREDA. **Tots els contes.**
19 RAMON MUNTANER. **Crònica I.**
20 RAMON MUNTANER. **Crònica II.**
21 GABRIEL FERRATER. **Les dones i els dies.**
22 VALENTÍ ALMIRALL. **Lo Catalanisme.**
23 **Antologia general de la poesia catalana,** per J. M. Castellet i Joaquim Molas.
24 JOAQUIM RUYRA, **Jacobé i altres narracions.**
25 SANTIAGO RUSIÑOL, **L'auca del senyor Esteve.**
26 ÀNGEL GUIMERÀ, **Teatre.**
27 VICTOR CATALÀ, **Solitud.**
28 POMPEU FABRA, **La llengua catalana i la seva normalització.**
29 FRANCESC TRABAL, **Vals.**
30 JOSEP PIN I SOLER. **La família dels Garrigas.**
31 J. V. FOIX. **Antologia poètica.**
32 RAMON TURRÓ. **Orígens del coneixement: la fam.**
33 JOSEP PLA, **Contraban i altres narracions.**
34 EUGENI D'ORS, **La ben plantada / Gualba, la de mil veus.**
35 JOSEP FERRATER MORA, **Les formes de la vida catalana.**
36 RAMON LLULL, **Llibre de meravelles.**
37 JOAN PUIG I FERRETER, **Teatre.**
38 MANUEL DE PEDROLO, **Totes les bèsties de càrrega.**
39 EMILI VILANOVA, **Lo primer amor i altres narracions.**
40 MARIÀ VAYREDA, **La punyalada.**
41 BERNAT METGE, **Lo somni.**
42 JOSEP YXART, **Entorn de la literatura catalana de la Restauració.**
43 LLORENÇ VILLALONGA, **Bearn o la Sala de les Nines.**
44 JOAQUIM TORRES-GARCIA, **Escrits sobre art.**
45 SEBASTIÀ JUAN ARBÓ, **Terres de l'Ebre.**
46 CARLES SOLDEVILA / MILLÀS-RAURELL, **Teatre.**
47 **Romancer català.** Text establert per M. Milà i Fontanals.
48 NARCÍS OLLER. **La febre d'or. I.** La pujada.
49 NARCÍS OLLER. **La febre d'or. II.** L'estimbada.
50 JOAN ROÍS DE CORELLA, **Tragèdia de Caldesa i altres proses.**